Jedes Kind
kann richtig essen

OBERSTEBRINK

A. Kast-Zahn · H. Morgenroth

Jedes Kind kann richtig essen

Vom Baby bis zum Schulkind:
Wie Eltern dafür sorgen können,
dass der Esstisch nicht zum Stresstisch wird

Die Deutsche Bibliothek – CIP-Einheitsaufnahme

Kast-Zahn, Annette:
Jedes Kind kann richtig essen : vom Baby bis zum Schulkind: wie Eltern dafür sorgen können, dass der Esstisch nicht zum Stresstisch wird ; nicht zu viel und nicht zu wenig: in jedem Alter richtig essen / A. Kast-Zahn ; H. Morgenroth. - 1. Aufl. - Ratingen : Oberstebrink, 2000
ISBN 3-9804493-9-4

1. Auflage

Fotos: IFA, Privat
Satz und Herstellung: MOHN Media · Mohndruck GmbH
Printed in Germany
Verlag: Oberstebrink Verlag GmbH
Ploenniesstr. 3, 40885 Ratingen
Tel. 0 21 02 / 77 17 70-0, Fax 0 21 02 / 1 73 37
e-mail: verlag@oberstebrink.de

ISBN: 3-9804493-9-4

Liebe Eltern

Dies ist ein Ess-Buch, kein Kochbuch. Sie werden kein einziges Rezept finden. Aber Sie werden alles finden, was Sie über die richtige Ernährung Ihres Kindes – vom ersten Lebenstag an – wissen müssen.
Es geht aber nicht nur darum, was Ihr Kind isst. Mindestens genau so wichtig ist, wie Eltern und Kinder am Tisch miteinander umgehen.
Sie erfahren, warum in so vielen Familien der Esstisch zum Stresstisch wird. Das müsste nicht so sein – wenn jeder in der Familie nur eine einfache Spielregel kennen und einhalten würde: die *Spielregel für richtiges Essen.*
Um diese Spielregel dreht sich alles. Wir haben sie uns nicht ausgedacht. Sondern sie entspricht dem Stand der Wissenschaft. Je mehr Sie darüber erfahren, desto logischer wird sie Ihnen erscheinen. Zusätzlich finden Sie viele unterhaltsame Fallbeispiele und ganz konkrete Tipps, wie Sie die Spielregel – je nach Alter Ihres Kindes – in die Tat umsetzen können.

- Die *Spielregel für richtiges Essen* finden Sie in **Kapitel 1**. Sie wird Sie durch das ganze Buch begleiten. Sie werden sehen, dass Sie mit dieser Spielregel alle Ess-Probleme lösen können. Unabhängig davon, ob Sie das Gefühl haben, Ihr Kind esse zu wenig, zu viel oder zu einseitig.
- In **Kapitel 2** erfahren Sie alles, was Sie als Eltern über das Essen wissen müssen – von der Wachstumskurve bis zur Ernährungs-Pyramide. Mit diesem Wissen können Sie Ihrem Kind das richtige Ess-Verhalten schmackhaft machen.
- In **Kapitel 3** lesen Sie, was Sie als Eltern tun können, damit Ihr Esstisch nicht zum Stresstisch wird: Setzen Sie Ihr Kind nicht unter Druck – und lassen Sie sich auch von Ihrem Kind nicht unter Druck setzen.
- In **Kapitel 4** sehen Sie, welches Ess-Verhalten in welcher Altersstufe richtig ist – vom Baby bis zum Schulkind. Suchen Sie sich das Alter Ihres Kindes heraus – und Sie werden sehen, dass unsere *Spielregel* in jeder Altersstufe funktioniert.

- In **Kapitel 5** erhalten Sie wichtige Hinweise, was Sie bei besonderen Problemen tun können – wenn Ihr Kind ernsthafte Ess-Störungen hat oder krank ist.
- Damit Sie und Ihr Kind viel Spaß an der *Spielregel für richtiges Essen* haben, finden Sie am Schluss des Buches ein paar **„Sprüche für die Küche"**. Schneiden Sie diese Sprüche aus und hängen sie deutlich sichtbar in die Küche bzw. über den Esstisch. Wenn Sie diese Sprüche täglich vor Augen haben, ist es noch leichter, gemeinsam mit Spaß und Genuss zu essen, ohne sich gegenseitig zu stressen.

Wir wünschen Ihnen viel Erfolg mit unserer *Spielregel* – und guten Appetit für die ganze Familie.

Ihre
Annette Kast-Zahn und Hartmut Morgenroth

1

Richtig essen – Stress oder Spaß für Eltern und Kind?

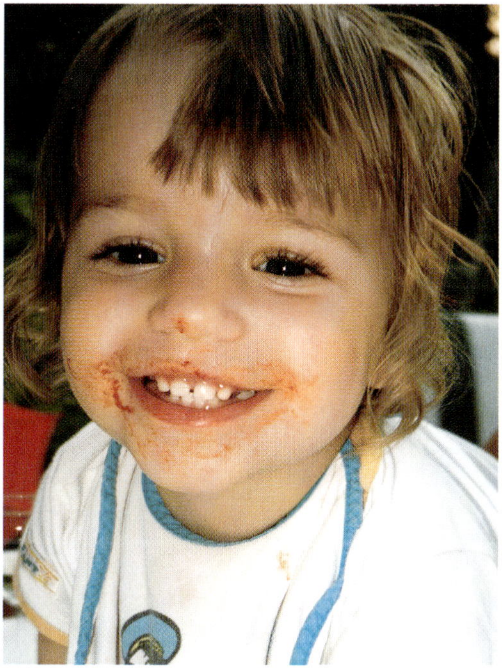

Dieses Kapitel zeigt, ...

- welche schlimmen und welche schönen Erfahrungen für Eltern und Kind mit dem Thema „Essen“ verbunden sind
- welche Probleme in der Kinderarzt-Praxis in welchem Alter zur Sprache kommen
- auf welche Spielregel es beim Essen ankommt

Erfahrungen aus der eigenen Kindheit

Die kleine **Anne** ist 5 Jahre alt. In letzter Zeit war sie öfter krank: Scharlach, Mittelohrentzündug, Mandelentzündung. Und nun hat sie schon wieder Fieber. Was sie wohl wieder ausbrütet? Wie blass sie aussieht! Und die dünnen Ärmchen! *„Nur Haut und Knochen, das Kind“,* hat Oma festgestellt. *„Kein Wunder, dass sie dauernd krank ist. Sie hat ja nichts zuzusetzen.“* Annes Mutter weiß, was da zu tun ist. Sie kocht Grießbrei. Es gibt nichts Gesünderes, meint sie. Grießbrei macht stark. Sie füllt einen großen Suppenteller bis an den Rand mit heißem Grießbrei und bringt ihn der kleinen Anne ans Bett.

Anne hasst Grießbrei. Sie fühlt sich schlapp und elend und möchte am liebsten überhaupt nichts essen. Und jetzt auch noch Grießbrei. Sie muss schon fast würgen, wenn sie ihn nur riecht. Sie presst die Lippen zusammen. Ihre Mama versucht es zuerst mit Liebe und gutem Zureden: *„Komm, ein Löffelchen für Mami, eins für den Papa und eins für die Oma.“* Anne fängt an zu weinen: *„Ich mag nicht!“* Ihre Mutter fängt an zu schimpfen: *„Du musst essen! Oder willst du nicht gesund werden?“*

Es geht lange hin und her. Die fünfjährige Anne wird unter Tränen mit dem Grießbrei gefüttert. Am Ende der Mahlzeit sind Mutter und Kind „erledigt“.

Die kleine Anne, das war ich selbst. Meine Mutter hatte es sicherlich gut mit mir gemeint. Aber noch heute, über 30 Jahre später, bekomme ich ein flaues Gefühl im Magen, wenn ich nur an Grießbrei denke. Bis heute hasse ich jede Art von Brei und Pudding. Den Babybrei meiner Kinder konnte ich immer nur mit größter Überwindung probieren. Grießbrei habe ich selbst kein einziges Mal gekocht.

Fallen Ihnen auch Erinnerungen aus Ihrer eigenen Kindheit zum Thema „Essen“ ein? Ein Geruch, ein Gefühl, ein Erlebnis der unangenehmen Art, das Ihnen bis heute nachhängt?

Eltern, die noch in den fünfziger Jahren geboren wurden, wurden als Kind nicht selten als „zu dünn“ befunden und ins Kinderheim geschickt, zum Zunehmen. Mindestens vier Wochen lang waren sie von ihren Familien getrennt. Viele hatten mit Heimweh zu kämpfen und zusätzlich mit der ungewohnten Kinderheimküche. Nicht selten wurden sie dort – wie auch zu Hause – zum Aufessen gezwungen: *„DubleibsthiersitzenbisderTellerleerist“* hieß die Regel. Einige traf es besonders hart. Mehrfach wurde mir von Betroffenen eine Methode geschildert, die schon an Kindesmisshandlung grenzt: Wenn das hineingezwungene Essen einfach nicht im Magen blieb und die Kinder es erbrachen, wurde ihnen zur Strafe das Erbrochene vorgesetzt.

Ihre eigenen Erfahrungen sind hoffentlich weniger dramatisch. Aber vielleicht sind auch Sie in irgendeiner Form zum Essen gezwungen worden. Oder hat man Ihnen Essen vorenthalten, weil man Sie „zu dick“ fand? Oder – falls Sie zur Großeltern-Generation gehören – haben Sie unter Hunger leiden müssen, weil es einfach nicht genug gab? Galt bei Ihnen zu Hause die Regel: *„Kinder haben am Tisch den Mund zu halten?“* Oder haben Sie vielleicht zu Hause am Tisch oft eine Stimmung erlebt, die Ihnen die Kehle zusammengeschnürt hat und Ihnen „auf den Magen geschlagen“ ist? Oder haben Sie vielleicht sogar selbst durch schlechtes Benehmen der Familie den Appetit verdorben?

Zum Glück gibt es nicht nur unangenehme Kindheits-Erinnerungen zum Thema „Essen“. Auch besonders schöne Erlebnisse haben oft mit Essen zu tun. So war es für meine Geschwister und mich immer ein besonderer Festschmaus, wenn mein Vater samstags nach dem gemeinsamen Schwimmbadbesuch Hähnchen mit Pommes frites mit nach Hause brachte. Wenn ich dann noch eine der beiden knusprigen Keulen ergattert hatte, war mein Glück perfekt. Auch große Familienfeste und Urlaubs-Erlebnisse, an die ich bis heute gern zurückdenke, waren oft mit ausgiebigen gemeinsamen Mahlzeiten verbunden.

Ob Sie es wollen oder nicht: Ihre Ess-Erfahrungen aus Ihrer eigenen Kindheit sitzen mit an Ihrem Tisch. Wenn Sie Ihre Familien-Mahlzeiten von früher in bester Erinnerung haben, Essen immer genießen konnten und bis heute mit Ihrer Figur zufrieden sind, haben Sie es leicht. Essen ist für Sie „normal“. Sie müssen nicht zu viele Gedanken daran verschwenden. Sie können einfach weitergeben, was Sie selbst gelernt haben. Wenn zusätzlich noch die Atmosphäre am Tisch stimmt, stellen sich Lust und Spaß beim Essen von selbst ein.

Wenn Ihre eigenen Erfahrungen mit dem Essen aber negativ waren, wenn Ihnen viel Stress, Spannung und Zwang in Erinnerung geblieben sind, wenn Sie zusätzlich noch mit dem eigenen Gewicht und den eigenen Ernährungs-Gewohnheiten unzufrieden sind, haben Sie es schwerer. Essen ist für Sie etwas Kompliziertes. Es kann dabei viel schief gehen. Ihr Kind braucht aber – zusätzlich zu einem guten Nahrungsangebot – Ihr Vertrauen und Ihr Zutrauen. Dann kann es richtig essen. Ihnen hat früher vielleicht niemand dieses Vertrauen entgegengebracht. Ohne Vertrauen kommt es zu Kämpfen am Tisch. Das bedeutet Stress beim Essen.

Erfahrungen mit den eigenen Kindern

Auch mit meinen eigenen drei Kindern teile ich mittlerweile schöne und weniger schöne Ess-Erfahrungen. Schön sind heute noch gemeinsame Mahlzeiten in guter Stimmung. Während der Mahlzeiten erfahren wir Eltern nicht selten die wichtigsten Neuigkeiten, Probleme und Freuden unserer Kinder. Es werden Pläne geschmiedet und Fragen diskutiert.

> Ein Beispiel: Als **Katharina** 8 Jahre alt war, hatte sie beim Mittagessen einige ganz konkrete Fragen zum Thema „Sexuelle Aufklärung". Zufällig gab es Bratwurst – gut geeignet als Anschauungsobjekt bei der Beantwortung ihrer Fragen. Es wurde eine sehr heitere Mahlzeit.

Weniger schön war, dass ich für meine drei Kinder insgesamt fünf Jahre lang nachts aufstehen musste, weil sie Hunger oder Durst hatten. Erst dann lernte ich, dass ich ihnen das nächtliche Trinken selbst beigebracht hatte und wie ich es ihnen abgewöhnen konnte. Unser Elternratgeber *„Jedes Kind kann schlafen lernen"* (1) gibt darüber genauere Auskunft.
Weniger schön ist es noch heute, wenn beim Essen mehr als ein Glas und noch zusätzlich ein Stuhl mitsamt einem Kind darauf umkippt. Oder wenn die Geschwister sich beim Essen lautstark streiten. Oder wenn die im Schweiße meines Angesichts und nicht selten unter Zeitdruck gekochte Mahlzeit bei allen drei Kindern auf einhellige und nicht besonders höfliche Ablehnung stößt. Oder wenn ich mich über den geringen Appetit des einen oder anderen Kindes wundere und anschließend hinter dem Sofa eine leere Schokoladenpackung finde.

Erfahrungen in der Kinderarzt-Praxis

In der Kinderarzt-Praxis wird vor allem bei den Vorsorge-Untersuchungen das Thema „Essen“ von den Eltern immer wieder angesprochen. Viele fühlen sich unsicher und wollen gern wissen, ob sie wirklich alles richtig machen. Einige Eltern machen sich ernstlich Sorgen um das Essverhalten ihrer Kinder. Und immer wieder begegnen wir Eltern, die das Thema „Essen“ schier zur Verzweiflung bringt.

Wir wollten es genauer wissen und haben über 400 Eltern bei den Vorsorge-Untersuchungen U4 bis U9 befragt, wie sie das Essverhalten ihrer Kinder einschätzen. Die Kinder waren zum Zeitpunkt der Befragung zwischen fünf Monaten und fünf Jahren alt.

Zunächst interessierte uns, wie viele Eltern überhaupt Probleme mit der Ernährung ihrer Kinder hatten. Das Ergebnis: Während der ersten Lebensmonate – also vor allem während der Stillzeit – scheint noch alles recht gut zu klappen. Nur sehr wenige Eltern (unter 5 %) empfanden das Essverhalten ihrer drei bis sieben Monate alten Babys als Problem. Bei den Kindern zwischen ein und fünf Jahren sah es jedoch ganz anders aus: Zwischen 20 % und 30 % der Eltern bewerteten die Essgewohnheiten ihrer Kinder als Problem, 7 % davon sogar als großes Problem.

- Die mit Abstand am häufigsten genannte Sorge war: *„Mein Kind isst zu wenig.“* Bei den Babys bis zu sieben Monaten war zwar nur 1 % der Eltern dieser Meinung, aber bei den Vier- bis Fünfjährigen waren es 20 %.
- *„Mein Kind isst zu einseitig“* wurde erst ab zwei Jahren häufiger genannt. In der Altersgruppe der Vier- bis Fünfjährigen waren wiederum knapp 20 % der Eltern dieser Ansicht.
- *„Mein Kind isst zu viel“* – diese Befürchtung ist bei Eltern von Kindern unter fünf Jahren anscheinend eher selten. In allen Altersgruppen befürworteten höchstens 4 % diese Feststellung.

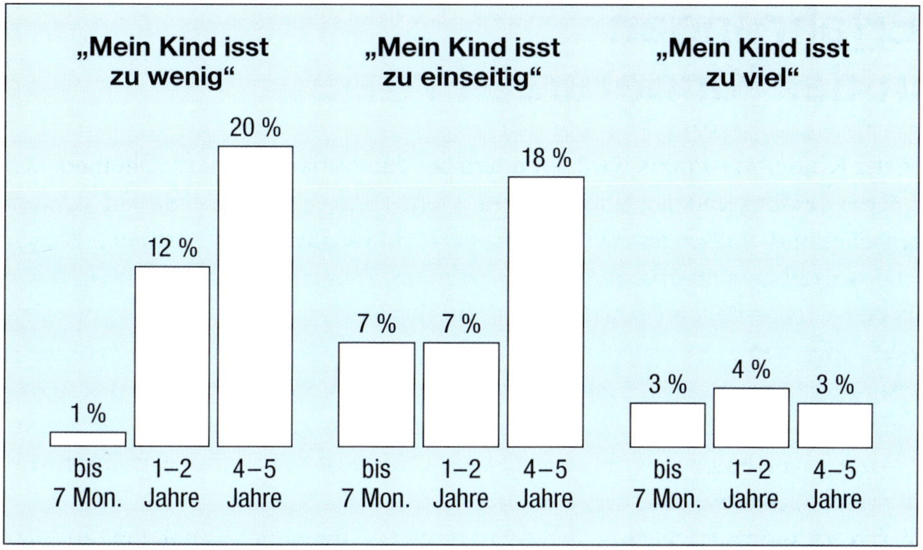

Abb. 1: Die Sorgen der Eltern

In Abbildung 1 finden Sie die interessantesten Ergebnisse unserer Umfrage auf einen Blick. Als wichtigstes Ergebnis bleibt festzuhalten: **Zumindest bei Kindern unter sechs Jahren haben auffällig viele Eltern Angst, ihr Kind sei zu dünn und esse zu wenig.**

Dr. Morgenroth berichtet aus seiner Kinderarzt-Praxis:

> Das kann manchmal kuriose Ausmaße annehmen: Ein Vater kam mit seinem zweieinhalbjährigen Sohn in meine Praxis. Der Kleine wog weit über 20 kg, mindestens 5 Kilo über dem Durchschnitt. Zu meiner Überraschung beklagte sich der Vater: *„Mein Sohn isst nicht!“* Ich wies ihn daraufhin, dass sein Sohn ganz bestimmt nicht unterernährt sei, im Gegenteil eher einige Pfunde zu viel mit sich herumtrage. Aber der Vater blieb dabei: *„Nein, Herr Doktor. Mein Sohn isst nicht. Nur acht große Fruchtjoghurt am Tag, aber sonst gar nichts.“*

Die entscheidende Spielregel zum Thema „Essen“

Wir finden es sehr bemerkenswert, dass 20 % der Eltern ihre Kinder für „schlechte Esser“ halten. Wie viele dieser Eltern mögen sich wohl irren? Unsere Antwort mag Sie überraschen: **alle!** Gesunde Kinder können gar nicht zu wenig essen, wenn sie genug angeboten bekommen. Auf die seltenen – meist krankheitsbedingten – Ausnahmen werden wir später noch eingehen. Gesunde Kinder aber wissen ganz genau, wie viel sie essen müssen. Sie wissen es besser als die Eltern. Je jünger sie sind, desto perfekter wissen sie es.

Unsere Umfrage hat gezeigt, dass die Eltern ihren Kindern dieses Wissen im Babyalter auch noch zutrauen. Wie aber könnte dieses wertvolle Wissen verloren gehen? Es gibt nur eine Möglichkeit: Die Kinder können es „vergessen“, wenn ihre Eltern ihnen nicht mehr vertrauen und ihnen stattdessen zeigen: *„Du kannst das nicht allein. Deshalb entscheide ich, wie viel Essen für dich genug ist.“* Unserer Meinung nach ist das ein häufiger, aber verhängnisvoller und vermeidbarer Fehler.

Deshalb werden Sie schon jetzt, am Anfang des Buches, die entscheidende Spielregel zum Thema Essen kennenlernen. Wir haben sie uns nicht selbst ausgedacht, sondern sie entspricht dem Stand der Wissenschaft. Die amerikanische Ernährungs-Expertin und Therapeutin Ellyn Satter hat sie sinngemäß in ihrem in den USA vielbeachteten Buch *„How to get your kid to eat but not too much“* (2) schon 1987 formuliert. Im 1999 vom Verband der amerikanischen Kinderärzte herausgegebenen offiziellen Ernährungsratgeber (3) ist sie bereits auf der ersten Seite zu finden.

Sie sollten diese Spielregel **immer** befolgen, ob Sie nun mit dem Essen Ihres Kindes Probleme haben oder nicht. Sie können kaum noch etwas falsch machen, wenn Sie sie befolgen. Sie klingt einfach. Es ist aber ganz und gar nicht einfach, konsequent danach zu handeln. Die Gefahr zu „mogeln“ ist für Eltern und Kind sehr groß. Wir stellen immer wieder fest: Es ist sehr schwierig, Eltern von der Richtigkeit und Wichtigkeit dieser Spielregel zu überzeugen.

Ihre Spielregel für richtiges Essen

Sie entscheiden:

- Was biete ich meinem Kind an?
- Wann biete ich es ihm an?
- Wie biete ich es ihm an?

Ihr Kind entscheidet:

- Ob ich davon wohl etwas essen will?
- Wie viel will ich davon essen?

Ihre Eltern-Rolle beim Thema „Essen“ ist damit klar umrissen.

Was:

- Sie suchen aus: Was gibt es heute? Dabei nutzen Sie Ihre Kenntnisse über gute und gesunde Ernährung.
- Sie bereiten das Essen zu.

Wann:

- Sie legen fest: Wie oft und zu welchen Zeiten biete ich das ausgewählte Essen an?
- Sie stellen es auf den Tisch.

Wie:

- Sie legen fest: Welche Verhaltensregeln gelten bei den Mahlzeiten?
- Sie setzen die Einhaltung der Verhaltensregeln durch.
- Wenn Ihr Kind noch nicht allein essen kann, bieten Sie ihm Ihre Hilfe an. So viel wie nötig, so wenig wie möglich.
- Sie sorgen für eine angenehme Atmosphäre.
- Sie sind ein gutes Vorbild und essen selbst mit Genuss.

Damit ist Ihr „Job“ erledigt. Alles, was Sie darüber hinaus tun, ist „mogeln“. Jetzt ist Ihr Kind an der Reihe.

Die Rolle Ihres Kindes ist ebenfalls klar:

- Das Kind kommt an den Tisch.
- Es sieht, was auf dem Tisch steht, und entscheidet selbst:
  Ob ich von diesem Angebot wohl etwas essen möchte?
- Es wählt aus: Was möchte ich von diesem Angebot essen?
- Es entscheidet selbst:
  Wie viel möchte ich davon essen?
- Es hört auf zu essen, wenn es genug hat.
- Es befolgt beim Essen Ihre Verhaltensregeln.

Das gilt vom Baby bis zum Jugendlichen. Bei einem Baby, das noch nicht allein essen kann, gilt zusätzlich: Sie helfen ihm. Dabei müssen Sie seine Signale zum Auswählen, Anfangen und Aufhören richtig entschlüsseln.

Die Spielregel ist eindeutig. Trotzdem verstoßen viele Eltern immer wieder dagegen. Und zwar, indem sie **zu viel** tun. Sie mischen sich ein, wenn eigentlich ihr Kind an der Reihe ist: Sie wollen beeinflussen, ob ihr Kind etwas essen möchte. Sie wollen beeinflussen, was es sich aus dem Angebot aussucht. Sie wollen beeinflussen, wie viel es isst. All das sind glatte Regelverstöße. Das Ergebnis ist immer gleich: Stress beim Essen. Denken Sie an die kleine kranke Anne vom Anfang des Buches. Ihre Mutter hat auf allen Ebenen „gemogelt“, als sie sie gegen ihren Willen mit Grießbrei fütterte. Führen Sie sich bitte jetzt noch einmal Ihre eigenen Ess-Stress-Erfahrungen vor Augen: Haben nicht auch Ihre Eltern bei jeder Ihrer besonders unangenehmen Erinnerungen heftig gegen die Spielregel verstoßen?

Kinder verstoßen immer dann gegen die Spielregel, wenn ihre Eltern **zu wenig** tun: Eltern überlassen zum Beispiel ihrem Kind, welche Speisen auf den Tisch kommen. (Denken Sie an den kleinen Jungen mit den vielen Fruchtjoghurts.) Oder Eltern überlassen ihrem Kind, wann gegessen wird. (Denken Sie an die Mutter, die ihr Kind mehrmals pro Nacht füttert.) Oder Eltern überlassen ihrem Kind, welche Verhaltensregeln beim Essen gelten, bzw. ob es überhaupt welche gibt. In all diesen Fällen haben es die Eltern versäumt, ihre Kinder am „Mogeln" zu hindern. Auch das führt unweigerlich zu Stress und „Theater" beim Essen.

Können Sie sich jetzt schon vorstellen, dass jedes Kind richtig essen kann, wenn seine Eltern einfach nur die Spielregel konsequent einhalten? In Vorträgen und Diskussionen äußern viele Eltern Zweifel und Bedenken: *„Mein Kind soll entscheiden, ob und wie viel es essen will? Das kann doch gar nicht gut gehen. Dann würde es ja überhaupt nichts Vernünftiges mehr zu sich nehmen. Es ist doch jetzt schon äußerst mühsam, ein paar Löffelchen Gemüse hineinzubekommen."*

Auch Sie haben wahrscheinlich noch Zweifel und Bedenken. Ziel des Buches ist, Ihre Zweifel auszuräumen und Ihnen Mut zu machen, Ihrem Kind zu vertrauen. Auch Ihr Kind kann richtig essen, wenn Sie beide sich an die Spielregel halten. **Was, wann, wie** – sich darum zu kümmern, das ist und bleibt Ihr „Job". Es ist keineswegs leicht, ihn gut zu machen. Konzentrieren Sie sich darauf, und überlassen Sie das **Ob** und das **Wieviel** Ihrem Kind.

Im weiteren Verlauf dieses Buches bekommen Sie viele sachliche Informationen, die Ihnen die Spielregel verständlich und einleuchtend machen werden. Sie bekommen ganz konkrete Hinweise, wie Sie die Spielregel je nach Alter Ihres Kindes in die Tat umsetzen können.

Kapitel 1: Das Wichtigste in Kürze

- Die Kindheitserinnerungen der Eltern spielen für den Umgang mit Essen bei den eigenen Kindern eine wichtige Rolle.
- Viele Eltern machen sich Sorgen um das Essverhalten ihrer Kinder In einer Umfrage in der Kinderarzt-Praxis zeigte sich: Bei Kindern unter sechs Jahren lautet die am häufigsten geäußerte Befürchtung: *„Mein Kind isst zu wenig."* *„Mein Kind isst zu viel"* vermuten dagegen nur sehr wenige Eltern.
- Die entscheidende Spielregel zum Thema Essen lautet:
  Was Sie Ihrem Kind wann wie anbieten, entscheiden Sie.
  Ob und wie viel es davon essen will, entscheidet Ihr Kind.

2

Was Eltern über das Essen wissen müssen

In diesem Kapitel erfahren Sie, …

- wie genau Ihr Kind selbst weiß, was und wie viel es zum Leben braucht
- welche Rolle Vererbung und Erziehung bei der Frage spielen, welche Figur Ihr Kind bekommen wird
- woran Sie erkennen können, ob Ihr Kind „zu dick“ oder „zu dünn“ ist, und welche Rolle die Gewichtskurven aus dem Vorsorge-Untersuchungsheft dabei spielen
- was Sie über Ernährung wissen sollten

Weiß Ihr Kind wirklich, was und wie viel es zum Leben braucht?

Haben kleine Kinder tatsächlich die angeborene Fähigkeit, das richtige Essen auszuwählen – in der richtigen Menge? Und falls es stimmt – wie könnte man es beweisen?

Clara Davis und ihre Waisenkinder: ein berühmtes Experiment

Die Ärztin Clara Davis hat 1928 eine bis heute berühmte Untersuchung zu diesem Thema gemacht. (4) Sie nahm drei Waisenkinder, alle zwischen sieben und neun Monaten alt, in ihr Krankenhaus auf: Earl, Donald und Abraham. Alle drei waren bis dahin voll gestillt worden. Nun begann das Experiment: Sechs Monate lang bekamen die drei Kleinen zu jeder Mahlzeit ein Tablett serviert mit zehn verschiedenen Speisen darauf: Fleisch, Innereien, Fisch, Getreide, Eier, Früchte, Gemüse – alles roh oder gekocht, aber nicht verarbeitet (z.B. kein Brot, keine Nudeln), nicht vermischt (z.B. keine Suppe) und so einfach wie möglich zubereitet. Eine Krankenschwester war bei den Mahlzeiten zwar dabei, hat aber nur beobachtet und die übrig gebliebenen Portionen gewogen. Earl, Donald und Abraham durften sich selbst bedienen. Das Ergebnis: Alle drei waren nach sechs Monaten in bester gesundheitlicher Verfassung. Wachstum, Gewichtszunahme, äußere Erscheinung, Aktivität – alles war in bester Ordnung. Offenbar hatten sie sich eine optimale Kombination zusammengestellt. Sogar nach heutigen Maßstäben ist die Zusammensetzung ihrer Diät völlig zufriedenstellend.

Kann man nun daraus schließen, dass Kinder die angeborene Fähigkeit haben, sich **immer** selbst optimale Nahrungsmittel in der richtigen Menge auszusuchen? Nicht ganz. Vielleicht ist Ihnen aufgefallen, dass auf den Tabletts für Earl, Donald und Abraham einige Dinge vollständig fehlten: Eiscreme, Schokolade, Kuchen, Pommes frites, Zucker... Das heißt: Den Kindern wurde nur vollwertige Nahrung angeboten. Aus diesem Angebot haben sie sich wirklich das Beste und das Richtige für ihre optimale Entwicklung herausgesucht. Keins von ihnen hat zu wenig oder zu viel oder zu einseitig gegessen. Aber was wäre passiert, wenn die aufgezählten Köstlichkeiten aus dem Supermarkt, all die leckeren süßen und fetten Speisen, mit auf dem Tablett gelegen hätten?

Es ist heute nicht mehr denkbar, noch einmal genau so ein Experiment zu machen – diesmal auch mit besonders süßen und fetten Lebensmitteln auf dem Tablett. Man kann sich das Ergebnis aber ungefähr vorstellen, denn durch viele Untersuchungen ist eines sicher bewiesen: Kinder haben eine angeborene Vorliebe für Süßes. Mit großer Wahrscheinlichkeit hätten Earl, Abraham und Donald Zucker, Schokolade und Eiscreme den meisten für die Ernährung wertvollen, aber ungesüßten Lebensmitteln vorgezogen. Süßes hätte die perfekte Balance von Appetit, Energiezufuhr und Gewicht vielleicht ins Wanken bringen können.

Dazu gibt es auch Tierversuche: Tiere überfressen sich normalerweise nie, wenn sie artgerechtes Futter bekommen – auch dann nicht, wenn ihnen viel zu große Mengen angeboten werden. Sie fressen übrigens auch nie zu wenig. Aber auch Tiere lieben Süßes. In einem interessanten Experiment (5) bekamen Labor-Ratten eine deftige „Supermarktdiät", bestehend unter anderem aus Keksen, Schokolade, Salami, Erdnussbutter und Käse. Das Ergebnis: Die Ratten konnten sich nicht zurückhalten und überfraßen sich. Sie nahmen mehr als doppelt so viel zu im Vergleich zu ihren normal gefütterten „Kollegen". Das unbegrenzte Angebot von Zucker und Fett hat sie „vergessen" lassen, was genau und wie viel genau sie eigentlich zum Leben brauchten.

Was könnte man für die Ernährung von Kindern daraus schließen? Freier Zugang zu süßen, fetten, industriell verarbeiteten Lebensmitteln kann auch bei Kindern zu Überernährung und Übergewicht führen. Nicht sehr überraschend, oder?

Interessanter ist die Frage: Was bedeuten die Ergebnisse für unsere Spielregel? Sie passen perfekt damit zusammen.

- Bei einem vielfältigen, ausreichenden Angebot ist es kaum denkbar, dass ein kleines Kind zu wenig isst, wenn es die Menge selbst bestimmen darf.

- Unbegrenzter Zugang zu süßen und fetten Speisen kann die perfekte innere Steuerung von Bedarf und Nahrungsaufnahme bei Ihrem Kind gefährden. Es kann dann passieren, dass es zu viel oder zu einseitig isst.
- Deshalb müssen Sie als Eltern entscheiden, **was** auf den Tisch kommt. Enthält Ihr Angebot eine Vielfalt von wertvollen Lebensmitteln, und begrenzen Sie gleichzeitig das Angebot von sehr fetten und süßen Speisen? Dann – und nur dann – kann Ihr Kind genau die richtige Auswahl treffen. Dann kann Ihr Kind ganz allein entscheiden, **ob** und **wie viel** es essen möchte. Unter dieser Voraussetzung hat es die angeborene Fähigkeit, alles nach Bedarf zu regeln. Es wird genug essen, aber nicht zu viel.

Kleine Kinder – große Könner: Essen regeln nach Bedarf

Bei kleinen Kindern klappt das Regeln der optimalen Nahrungsaufnahme besser als bei älteren Kindern und bei Erwachsenen. Warum ist das so? Solange ein Kind gestillt wird, ist das Angebot immer optimal. Das Kind bestimmt, wie viel es trinken möchte. Hunger – trinken – satt sein. So einfach ist das. Die Mutter braucht die Menge gar nicht genau zu wissen.

Ein Kleinkind ist zwar durchaus schon wählerisch. Es bevorzugt Dinge, die es kennt, aber es lässt sich noch nicht beeinflussen von Werbung oder irgendwelchen Schlankheitsidealen. Die Menge wird immer noch perfekt durch Hunger und Sättigung reguliert. Eine interessante Untersuchung wurde 1991 mit kleinen Kindern im Alter zwischen zwei und fünf Jahren gemacht (6). Die Kleinen blieben zu Hause in ihrer Umgebung und bekamen täglich drei Mahlzeiten und drei Zwischenmahlzeiten angeboten. Das Angebot war vielfältig und ausgewogen, auch Süßes war gelegentlich dabei. Das Besondere war: Die Kinder bekamen jedes Mal „doppelte" Portionen vorgesetzt, und sie durften selbst bestimmen, wie viel sie davon haben wollten. Wieder zeigte sich, dass die Kleinen genau so viel aßen, wie sie brauchten: Sie „überfraßen" sich nicht. Es gab aber große Schwankungen von Mahlzeit zu Mahlzeit: Mal aßen sie fast nichts, mal sehr viel. Trotzdem nahmen sie jeden Tag ungefähr gleich viel zu

sich. Fiel also eine Mahlzeit besonders reichlich aus, wurde bei einer anderen Mahlzeit am selben Tag gefastet – und umgekehrt. Beneidenswert, wie perfekt die Kleinen das regeln konnten.
Die Einflüsse von außen werden aber immer größer, je älter das Kind wird. Beim Erwachsenen wird es schließlich richtig kompliziert: Bei der Auswahl der Lebensmittel spielen so verschiedene Dinge wie Geschmack, Kultur, Tradition, Gewohnheit, Geldbeutel, Neugier, Vorstellungen von Schönheit, Fitness, Gesundheit und Verträglichkeit, Verfügbarkeit und Aufwand bei der Zubereitung eine Rolle. Die innere Stimme, die die Bedürfnisse des Körpers kennt und nennt, kann von all dem überlagert werden. Und die Menge? Essen wir Erwachsenen, wenn wir Hunger haben, und hören auf, wenn wir satt sind? Auch hier wird die innere Stimme oft übertönt. Wir essen zum Beispiel aus Höflichkeit oder aus Geselligkeit oder aus Langeweile oder aus Kummer oder aus Gewohnheit. Wir hören zum Beispiel auf, weil der Teller leer ist, oder weil wir uns zu dick finden, oder weil wir keine Zeit mehr haben. Was und wie viel wir essen, regeln wir oft nicht mehr instinktiv nach unserem Bedarf. Äußere Einflüsse haben unser Essverhalten nicht selten „im Griff".
Ganz können aber auch wir Erwachsenen unser inneres Regelsystem nicht überlisten. Es schlägt uns vor allem dann ein Schnippchen, wenn wir es am wenigsten gebrauchen können und am liebsten ganz ausschalten würden. Haben Sie schon einmal so etwas wie eine 1000-Kalorien-Diät gemacht? Dann wissen Sie, was ich meine. Bei solch einer Diät ist die Regulation von Bedarf und Nahrungsaufnahme außer Kraft gesetzt. Stattdessen werden mit einer großen Willensanstrengung Kalorien begrenzt. Ihr Körper reagiert auf diese Veränderung. Ihr inneres Regelsystem schlägt Alarm: *„Hilfe! Nahrungsbegrenzung! Hungersnot!"* Aber Ihr Wille ist stärker. Sie nehmen tatsächlich einige Kilo ab und sind ganz stolz.
Je extremer aber Ihre Diät war, desto wahrscheinlicher passiert Folgendes: Sie beenden die Diät. Ihr Körper registriert: *„Hungersnot vorbei! Nahrungsangebot ist wieder vollständig! Sofort alles nachholen und Vorrat anlegen für die nächste Hungersnot!"* Ihr Regelsystem hat keine Ahnung, dass es in Deutschland am Anfang des 21. Jahrhunderts keine Hungersnot mehr gibt. Sie nehmen in kürzester Zeit alles wieder zu – und sogar noch etwas mehr. Das ist der all-

seits bekannte „Jo-Jo-Effekt“. Er zeigt uns, wie ungünstig sich extreme Steuerung von außen auswirken kann.
Und wir wollen es besser wissen als unsere kleinen Kinder mit ihrem noch weitgehend unverfälschten inneren Regelsystem? Wir sollten von ihnen lernen und nicht länger als „Besserwisser“ auftreten.

Wie perfekt das innere Regelsystem eines kleinen Säuglings funktioniert, zeigt uns ausgerechnet **Laura**. Laura ist sechs Monate alt. Sie wird nicht gestillt, sondern bekommt der Muttermilch so gut wie möglich nachgemachte Fertigmilch aus dem Fläschchen. Ihre Mutter kann die getrunkene Menge deshalb immer genau ablesen, und das Ergebnis erschreckt sie sehr. Laura schafft keineswegs die empfohlene Menge, sondern nur einen kleinen Teil davon. Sie nimmt langsamer zu als die anderen Babys in ihrem Alter. Obwohl Laura gesund und aktiv ist, ist ihre Mama sehr besorgt. Sie besteht darauf, zusätzlich Schmelzflocken in die Fertigmilch zu rühren. Wenn sie schon so wenig trinkt, soll das wenige eben besonders nahrhaft sein, meint Lauras Mama. Aber was macht Laura? Von der kalorienreicheren Milch trinkt sie noch weniger als vorher von der „normalen“ Milch. Die Kalorienmenge, die Laura zu sich nimmt, bleibt gleich. Wenn ihre innere Stimme sagt: *„Es ist genug“*, hört Laura auf zu trinken. Lauras innere Stimme funktioniert ganz hervorragend. Sie kann sich darauf verlassen. Ihre Mama auch.

Dick oder dünn – Erziehung oder Vererbung?

Warum ist Laura so dünn, der gleichaltrige Nachbarsjunge dagegen fast doppelt so schwer? Wovon wird es stärker abhängen, wie sie sich weiter entwickeln: von ihrer Erziehung oder von ihren Erbanlagen?

Welche Rolle spielt die Vererbung?

In Dänemark haben Forscher dazu eine Untersuchung mit Adoptivkindern gemacht (7). Das Gewicht der Adoptivkinder wurde mit ihren leiblichen Eltern und mit ihren Adoptiveltern verglichen. Vorbild, Essgewohnheiten, Nahrungsangebot – all das war von den Adoptiveltern geprägt. Die leiblichen Eltern hatten nur ihre Gene in die Waagschale geworfen, sonst nichts. Das Ergebnis: Es gab keine Übereinstimmung mit den Adoptiveltern, aber eine hohe Übereinstimmung mit den leiblichen Eltern. Die Gene hatten wesentlich mehr Einfluss als alles Erlernte.

Bei einer Untersuchung von getrennt aufgewachsenen Zwillingen (8) war das Ergebnis entsprechend: Trotz der unterschiedlichen Lebensbedingungen hatte sich das Gewicht der Zwillingspärchen sehr ähnlich entwickelt.

Ein dritter Befund (9): Zwölf eineiige Zwillingspärchen „überfütterten" sich in einem Experiment täglich mit der gleichen Kalorienmenge. Zehn der zwölf Zwillinge nahmen paarweise genau gleich viel zu. Aber jedes Zwillingspaar unterschied sich vom anderen: Ein Pärchen nahm zum Beispiel nur vier, ein anderes dagegen 14 kg zu – trotz gleicher Kalorienmenge.

Eine aktuelle Zwillingsstudie (10) mit Kindern zwischen drei und 17 Jahren untersuchte mit einer speziellen Methode die „Fettmasse", also den Anteil, den Fett in einem Körper ausmacht. Die Kinder unterschieden sich in diesem Punkt erheblich. Das Ergebnis: 80% dieser Unterschiede sind auf Erbanlagen, der Rest auf Umwelteinflüsse zurückzuführen.

Vererbung spielt also eine entscheidende Rolle. Es gibt aber nicht „das Fett-

Gen", das allein verantwortlich ist. Vielmehr scheint ein ganz kompliziertes System verschiedener Gene, Hormone und Botenstoffe zusammenzuwirken. Ein spezielles Gen bestimmt zum Beispiel, wie viel von einem Stoff mit einer besonderen Eigenschaft ausgeschüttet wird: Je mehr davon, desto besser kann der Körper Kalorien als Fett speichern. Und desto schneller kann der Körper nach einem Gewichtsverlust wieder zulegen. Für Menschen, die niemals genug zu essen bekommen und Hunger leiden müssen, ist das ein großer Vorteil. Für Menschen, die gern abnehmen möchten, ist es dagegen ein großes Handicap.

Es liegt also an der Vererbung, dass manche Kinder extrem wenig essen, aber trotzdem stetig und zuverlässig zunehmen. Es liegt zu einem großen Teil an den Erbanlagen, wenn jemand trotz ausreichender Bewegung und normaler Nahrungsaufnahme Fett ansetzt. Es ist mit unterschiedlichen Erbanlagen zu erklären, wenn das eine Kind wenig isst, ein anderes genau doppelt so viel – und trotzdem beide im gleichen Tempo zunehmen.

Auch der Körpertyp wird vererbt: Ob die Figur Ihres Kindes schlank und schlaksig wird, muskulös und kräftig oder eher weich mit mehr Fett und weniger Muskeln – all das steht schon bei der Geburt fest. Es muss nicht mit der „Traumfigur" übereinstimmen, die Sie als Eltern Ihrem Kind wünschen. Schließlich können Sie auch nicht beeinflussen, wie groß Ihr Kind einmal wird. Keinesfalls können Sie durch Ihre Ess-Erziehung die genetisch vorbestimmte Figur Ihres Kindes ummodeln. Sie tun besser daran, sich überraschen zu lassen und sie anzunehmen, wie sie ist. Die perfekte Model-Figur gibt es nur sehr selten. Für Ihr Kind wird es später schwierig genug, den eigenen Körper trotz kleiner „Schönheitsfehler" zu mögen. Helfen Sie ihm dabei – von Anfang an.

Mein Sohn **Christoph** ist 15 Jahre alt. Er hat eine schlanke, sportliche Figur, auf die er stolz sein kann. Das war nicht immer so. Im Alter von vier Monaten war er 60 cm groß und wog 7 kg. Er wurde voll gestillt und war seit seiner Geburt nur wenige Zentimeter gewachsen, hatte aber sein Geburtsgewicht schon verdoppelt. Er sah aus wie ein kleiner Buddha. Eine Bekannte mit einem gleichaltrigen Sohn gestand mir erst vor kurzem, was sie damals bei seinem Anblick empfunden hat: *„Ich habe vielleicht einen*

Schreck bekommen, als ich deinen Sohn zum ersten Mal gesehen habe. Der war ja total fett. Diese Speckrollen an den Beinen, das sah richtig scheußlich aus. Wenn mein Sohn so fett gewesen wäre, hätte mich das zur Verzweiflung gebracht.“ Welch ein Glück, dass sie ein schlankes Baby mit dünnen Beinen hatte. Ich fand mein Baby mit seinen Speckröllchen wunderschön. Ich wusste, dass der kleine „Mops“ mit der Muttermilch das Beste bekam, was es für ihn gab. Ich wusste, dass er die Menge selbst regeln konnte. Er konnte es damals und kann es immer noch. Er hat jetzt die – noch nicht ganz endgültige – Figur bekommen, die seinen Erbanlagen entspricht.

Welche Rolle spielt die Umwelt?

Natürlich spielen auch Umwelteinflüsse eine Rolle. Was kann Kinder dick machen? Es wird Sie nicht überraschen: extrem wenig Bewegung, extrem viel Fernsehen, Essen zwischendurch auf die Hand statt am Familien-Tisch zu festen Zeiten, ein ungünstiges Angebot mit zu viel Fettem und Süßem – vor allem aber die Kombination von allem. Einige Kinder mit den entsprechenden Erbanlagen werden aber trotz allem nicht dick. Auch der umgekehrte Fall ist denkbar: Ein Kind bewegt sich viel, sitzt wenig vor dem Fernseher, isst zu festen Zeiten gemeinsam mit der Familie und bekommt ein gut ausgewähltes Angebot – und ist trotzdem dicker als die meisten Kinder seines Alters. Gerecht geht es wirklich nicht zu bei der Verteilung von Fettpolstern.
Übergewicht wird in der Regel erst bei älteren Kindern und Erwachsenen zum Problem. In den ersten Lebensjahren spielt für die meisten Eltern die gegenteilige Sorge eine viel größere Rolle: *„Mein Kind ist zu dünn und isst zu wenig!“* Was kann ein Kind „zu dünn“ machen?
Dr. Morgenroth hat in seiner langjährigen Praxis als Kinderarzt festgestellt: Es gibt zwei Bedingungen. Die erste hat zwar mit Einflüssen von außen, aber eigentlich nichts mit Erziehung zu tun: Krankheit. Die meisten Kinder reagieren auf Krankheiten mit gedrosseltem Appetit. Manche essen überhaupt nichts, solange sie krank sind. Vor allem dann nicht, wenn das Essen ihnen Schmerzen

bereitet, zum Beispiel bei einer Halsentzündung. Auch kranke Kinder wissen, was ihnen gut tut. Wenn Essen ihnen nicht gut tut, lassen sie es sein. Aus ärztlicher Sicht ist das völlig in Ordnung. Geschwächt sind sie nicht durch ihr Fasten, sondern durch ihre Krankheit. Sind sie wieder gesund, holen sie sehr schnell wieder auf. Deshalb kann man selbst bei kranken Kindern, die während ihrer Krankheit abnehmen, in den meisten Fällen nicht von „zu dünn" sprechen.

Schwere Krankheiten können allerdings in Ausnahmefällen zu starkem Flüssigkeitsverlust oder bedrohlicher Gewichtsabnahme führen. Dann kann das Kind seine Nahrungsaufnahme nicht mehr selbst regulieren. Es muss schlimmstenfalls künstlich ernährt werden. Auch die Magersucht, von der fast immer Mädchen ab der Pubertät betroffen sind, ist eine schwere Krankheit mit vielfältigen Ursachen. Bei magersüchtigen Jugendlichen wird die Nahrungsaufnahme überhaupt nicht mehr nach inneren Bedürfnissen, sondern ausschließlich nach krankhaft verzerrten äußeren Maßstäben reguliert (siehe Kapitel 5).

Die zweite Bedingung, die ein Kind „zu dünn" machen kann, hat ebenfalls wenig mit Erziehung, sondern eher mit Armut zu tun: wenn ihm zu wenig Essen angeboten wird – oder wenn im Angebot wichtige Lebensmittel fehlen. Ich habe als Kinderarzt jahrelang in Indien und Afrika gearbeitet. Dort waren viele Kinder zu dünn, weil sie nicht genug zu essen bekamen. Sie konnten nicht normal wachsen und gedeihen. Oder sie hatten Mangelerscheinungen, weil sie immer nur Reis aßen. Dort kam es auf jede kleine Verbesserung im Nahrungsangebot an. Zum Beispiel lieferte das Sauerampferblatt vom Wegesrand lebenswichtige zusätzliche Vitamine.

Aber in Deutschland? Gibt es das hier auch – dass Kindern zu wenig zu essen angeboten wird? Oder dass ihnen wichtige Lebensmittel vorenthalten werden? Leider hat es – auch in Deutschland – immer Eltern gegeben, die ihre Kinder nicht gut versorgen. Den Kindern fehlt es an allem. Sie bekommen nicht genug Liebe und Geborgenheit, manchmal bekommen sie nicht einmal genug zu essen. Diese Familien brauchen eine besondere Betreuung. Manche Familien sind vielleicht in einer so schlimmen finanziellen Notlage, dass sie nicht alle Lebensmittel kaufen können.

Hunger aus Armut – wir hoffen sehr, dass es das hier nicht gibt. Mangelernährung aus Armut wird leider in Ausnahmefällen vorkommen. Aber Mangelernährung trotz eines vielfältigen Angebots? Bei einem gesunden Kind ist das in den ersten Lebensjahren nicht möglich. Die Essgewohnheiten Ihres Kindes können Ihnen noch so exotisch und einseitig und „spatzenmäßig" vorkommen: Wenn Ihr Nahrungsangebot stimmt, wird es ihm an nichts fehlen.
Eine wichtige Umweltbedingung kann den Appetit Ihres Kindes in beide Richtungen beeinflussen: Stress. Stress kann entstehen durch eine ungute Stimmung am Tisch, durch eine schwierige Beziehung zwischen Eltern und Kind oder auch durch Druck, den Eltern beim Essen ausüben. Manche Kinder reagieren mit „Essen aus Frust", andere wollen gar nichts mehr essen. Im 3. Kapitel erfahren Sie mehr darüber.

Schlussfolgerungen

Es bleibt festzuhalten:

- Sie können nicht an der Menge ablesen, ob Ihr Kind zu wenig oder zu viel gegessen hat. Kinder unterscheiden sich zu stark in ihrem Energiebedarf.
- Ob Ihr Kind dick oder dünn wird und welchen Körperbau es bekommt, ist zu einem erheblichen Teil durch Vererbung vorgegeben. Sie können die Figur Ihres Kindes durch Ihre Erziehung nur wenig beeinflussen.
- Zu wenig Bewegung, zu viel Fernsehen, Mahlzeiten ohne Struktur und ein falsches Nahrungsangebot – diese Umweltbedingungen *können* Übergewicht begünstigen.
- „Zu dünn" kann Ihr Kind nur werden, wenn Sie ihm zu wenig zu essen *anbieten*, oder wenn es schwer krank ist.
- Auch bei optimalen Umweltbedingungen kann es passieren, dass Ihr Kind dicker oder dünner wird, als Sie es sich wünschen.

Vielleicht haben Sie bemerkt, dass diese Ergebnisse wieder genau zu unserer Spielregel passen. Sie erinnern sich: **Was** auf den Tisch kommt, **entscheiden Sie**. Ihr Einfluss ist zwar begrenzt, aber ein falsches Angebot kann Ihr Kind durchaus „dicker“ und in ganz wenigen Ausnahmefällen auch „dünner“ machen, als ihm gut tut.

Auch das **Wann** und das **Wie** gehört zu Ihrer Verantwortung: Essen allein vor dem Fernseher und fehlende Regelmäßigkeit bei den Mahlzeiten sind Bedingungen, die „dick“ machen können. Zum **Wie** gehört auch die ungünstige Bedingung „Stress“. Durch Ihre Familienregeln können Sie beeinflussen, ob der Esstisch bei Ihnen zu Hause zum Stresstisch wird oder nicht.

Ob und **wie viel** gegessen wird, **überlassen Sie** dagegen besser **Ihrem Kind**. Durch Vererbung ist vorgegeben, wie es die Nahrung verarbeitet und wie viel es braucht. Das ist von Kind zu Kind völlig verschieden. Wenn Ihr Kind die Menge selbst bestimmen darf, kann es sich von seinen Bedürfnissen und seiner inneren Stimme leiten lassen. Vertrauen Sie darauf, dass Ihr Kind das kann. Dann wird es genau die Figur bekommen, die seiner Veranlagung entspricht. Wahrscheinlich ist es nicht die absolut perfekte Model-Traumfigur. Aber Sie können Ihrem Kind zeigen: *„So wie du bist, bist du genau richtig.“* Damit stärken Sie seine innere Stimme – und sein Selbstvertrauen.

Zu dick oder zu dünn: Was sagt die Wachstumskurve?

Sie haben eine einfache Möglichkeit, Gewicht und Wachstum Ihres Kindes zu verfolgen: Gehen Sie mit Ihrem Kind regelmäßig zu den Vorsorge-Untersuchungen. Bei jeder Untersuchung wird Ihr Kind gewogen und gemessen. Der Kinderarzt oder die Kinderärztin tragen Gewicht und Größe in die Wachstumskurven im Untersuchungsheft ein.

Zu klein – zu groß?

An der Kurve in Abbildung 2 können Sie erkennen, ob Ihr Kind groß oder klein für sein Alter ist. Hier sehen Sie die Wachstumskurve der vierjährigen Alexandra. Alexandra ist mit ihren 96 cm klein. 97 von 100 Kindern in ihrem Alter sind größer. Sie wächst aber stetig und gleichmäßig. Ihre Eltern sind beide nicht groß. Ihre Größe entspricht ihren Erbanlagen. Es ist alles in Ordnung.

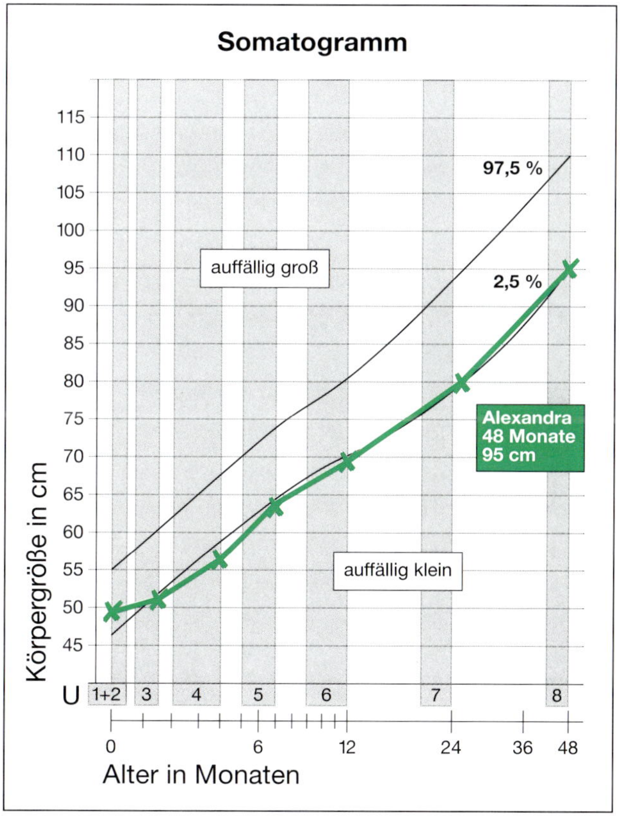

Abb. 2: Zu klein – zu groß?

Solange Ihr Kind wie Alexandra gleichmäßig wächst, spielt die Größe keine Rolle. Wie groß Ihr Kind einmal wird, ist durch Vererbung ganz stark vorgegeben. Sollte es aber plötzlich aufhören zu wachsen, wird der Kinderarzt Ihr Kind genau untersuchen. So ein Wachstums-Stopp kann ein Zeichen für eine ernsthafte Erkrankung sein.
Kann ein Kind „zu groß“ sein? Es gibt natürlich Kinder, die aus dem Rahmen fallen und ihre gleichaltrigen Spielgefährten um einen ganzen Kopf überragen. Diese Kinder haben es manchmal nicht ganz leicht, weil sie auf den ersten Blick älter wirken und man von ihnen schon viel mehr erwartet als von normal großen Gleichaltrigen. Wenn Ihr Kind schnell wächst und sehr groß wird, hat es die entsprechende Veranlagung. Es ist kein Anzeichen für eine Erkrankung.
Ein guter Anhaltspunkt ist die Wachstumskurve. Wenn sie nicht mehr gleichmäßig verläuft, sondern nach oben „ausbricht“, gehen Sie mit Ihrem Kind vorsichtshalber zum Kinderarzt. Der sagt Ihnen, ob alles noch „im grünen Bereich“ ist. Nur in ganz seltenen Ausnahmefällen ist eine Hormonbehandlung notwendig, die die Pubertät vorzieht und das Wachstum vorzeitig beendet.

Zu leicht – zu schwer?

Interessanter ist die zweite Kurve (Abb. 3). Daran können Sie ablesen, ob Größe und Gewicht bei Ihrem Kind zusammenpassen. Und Sie können ablesen, wie Ihr Kind zunimmt. Vergleichen Sie: Liegen die Werte Ihres Kindes genau in der Mitte, am oberen oder unteren Rand oder ganz außerhalb der Kurve? Zeigt die Kurve bei Ihrem Kind sehr steil nach oben, oder fällt sie irgendwann nach unten ab? Gibt es Knicke in der Kurve, oder ist die Kurve sehr gleichmäßig? Was ist normal, was ist Alarmzeichen, was ist Anlass zu berechtigter Sorge?
In Abbildung 3 sehen Sie eine Kurve für die ersten vier Lebensjahre aus dem Untersuchungsheft. Wir haben die Werte von drei Kindern eingetragen: **Andrea** (Gewichtslinie: rot), **Alexandra** (grün), **Sebastian** (blau). Alle Kinder sind vier Jahre alt: Andrea, die „Normale“, Alexandra, die „Leichte“, Sebastian, der „Schwere“. Ihre Größe und ihr Gewicht haben sich ganz unterschied-

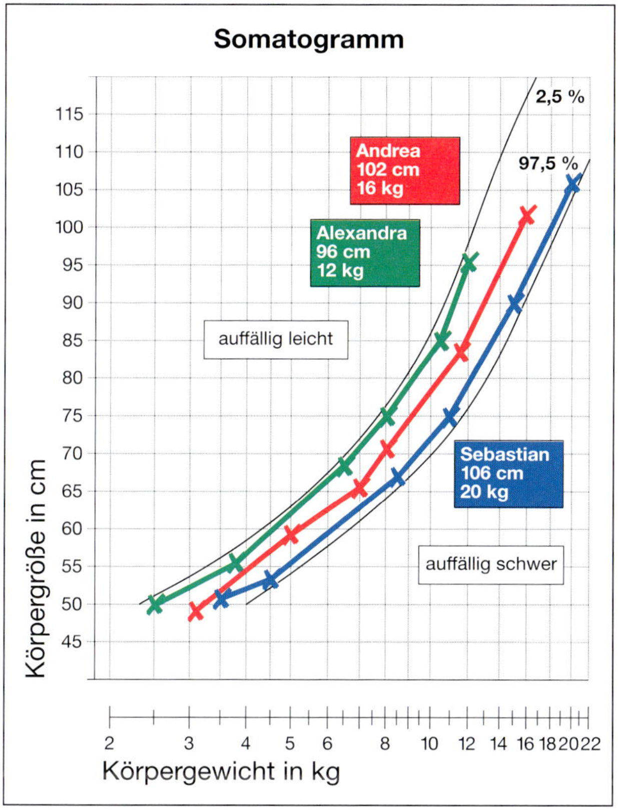

Abb. 3: Zu leicht – zu schwer?

lich entwickelt. Alexandra ist 96 cm groß und wiegt nur 12 kg. Sebastian wiegt mit 20 kg fast doppelt so viel, ist allerdings auch 10 cm größer. Andrea liegt mit 100 cm und 16 kg in der Mitte. Was haben die völlig unterschiedlichen Linien zu bedeuten?

Die vorgedruckte Kurve hat – wie im Untersuchungsheft – oben und unten eine Begrenzungslinie. Bei den meisten Kindern liegen die Werte in der Nähe der Mitte. In unserer Abbildung ist das bei Andreas rot eingezeichneter Linie der Fall. Von Geburt an hatte sie ein durchschnittliches Gewicht für ihre Größe. Während ihrer vier Lebensjahre hat sie immer gleichmäßig und stetig zugenommen. Es ist überhaupt kein Zweifel möglich: Andrea ist genau richtig. Also isst sie auch richtig.

Trotzdem war die Mutter von **Andrea** davon überzeugt, ihre Tochter esse zu wenig. Bei jeder Vorsorge-Untersuchung zählte sie die geringen Mengen auf und beklagte sich: *„Das kann doch nicht zum Leben reichen!"* Immer wieder legten wir ihr die Kurve vor – als Beweis, dass es gar nicht besser sein konnte. Sie sah es jedes Mal ein. Aber immer wieder kamen ihr Zweifel.

Welche eigenen Erfahrungen haben wohl ihre Zweifel so hartnäckig erhalten können?

Was bedeutet es aber, wenn die Werte genau entlang der oberen Linie verlaufen – wie Sie es bei Alexandras grüner Kurve sehen? Sie kennen Alexandra schon aus der Abbildung 2. Sie ist klein für ihr Alter. Zusätzlich ist sie aber auch sehr zierlich. Das bedeutet: Alexandra bringt für ihre Größe ziemlich wenig Gewicht auf die Waage. Sie ist richtig dünn. 97 von 100 Kindern ihrer Größe wiegen mehr. Nur drei von hundert sind so leicht wie Alexandra oder noch leichter.
Vergleichen Sie: Hat Ihr Kind eine ähnliche Kurve wie Alexandra entlang der oberen Linie oder sogar noch darüber? Dann ist auch Ihr Kind sicherlich dünn. Aber ist es „zu dünn"? Nicht unbedingt: An der Kurve erkennen Sie, ob Ihr Kind gleichmäßig zugenommen hat. Ist das der Fall? Ist es aktiv und aufgeweckt? Ist es gesund? Haben Sie – wie Alexandras Eltern – alles mit „ja" beantwortet? Dann ist Ihr Kind nicht zu dünn, sondern genau richtig. Es hat seine zierliche Figur geerbt (von wem wohl?) und gehört – wie Alexandra – einfach zu den 3% „dünnen" Kindern, von denen es in Deutschland immerhin eine halbe Million gibt. Einige von ihnen sind krank und müssen behandelt werden, aber die meisten sind gesund – und essen gesund.

Für **Alexandras** Eltern war es noch schwerer, zu begreifen und zu akzeptieren, dass ihre Tochter zwar klein, leicht und dünn war und winzig kleine Portionen zu sich nahm – sich aber trotzdem ihren Anlagen entsprechend optimal entwickelte. Immer wieder brauchten sie unseren Zuspruch: *„Schauen Sie sich Ihre Tochter an. Wie aktiv sie ist, wie aufgeweckt und geschickt. Was sie für eine Lebensfreude ausstrahlt. Mit ihrer ganzen Persönlichkeit zeigt sie Ihnen, wie gut es ihr geht. Sie ist genau richtig – und sie isst genau richtig."*

Und wenn die Werte Ihres Kindes wie Sebastians blaue Linie am unteren Rand entlanglaufen oder sogar noch darunter liegen? Dann ist Ihr Kind, – wie Sebastian – ziemlich schwer für seine Größe. Wahrscheinlich sieht es „pummelig" aus. Nur drei von hundert Kindern seiner Größe sind gleich schwer oder noch schwerer. Ist Ihr Kind nun auf jeden Fall „zu dick"? Nicht unbedingt. An der Kurve erkennen Sie: Hat Ihr Kind wie Sebastian gleichmäßig zugenommen – ohne einen plötzlichen „Knick" in Richtung „schwer"? Ist es aktiv und gesund? Sebastians Eltern machen beim Nahrungsangebot und bei den Regeln am Tisch keine auffindbaren Fehler: **Was** und **wie** gegessen wird, ist in Ordnung. Warum wiegt er trotzdem so viel? Schwere Kinder müssen nicht automatisch „fett" sein. Sebastian ist sehr kräftig und muskulös, aber nicht „schwabbelig". Er entwickelt sich seinen Anlagen entsprechend. Sebastian ist genau richtig – und isst genau richtig.

Für **Sebastians** Eltern ist es nicht schwierig, ihren Sohn mit seiner „Gewichtheber-Statur" anzunehmen. Beide sind selbst nicht gerade schlank: Sie bezeichnen sich als „fröhliche Dicke". Sebastians Vater ist aktiv als Jugendtrainier im Fußballverein, und Sebastian macht jetzt schon begeistert mit. Jeder in der Familie hat „Power".

Vielleicht ist auch Ihr Kind – wie Sebastian – genau richtig, obwohl es „aus der Kurve" fällt. Sie können es besser beurteilen, wenn Sie die Abschnitte über gesunde Ernährung und mögliche Elternfehler gelesen haben.
Wenn Sie sich die Abbildung noch einmal anschauen, können Sie sie jetzt richtig deuten: Die drei sind so verschieden, „wie der liebe Gott sie geschaffen hat", und alle drei sind genau richtig. Alexandras und Sebastians extreme Werte auf der Kurve sind also in diesen Fällen kein Grund zur Besorgnis. Die Kinder sind gesund und aktiv und entwickeln sich prächtig. Von Geburt an haben sie gleichmäßig und stetig zugenommen. Die Eltern können zufrieden sein: Ihre Kinder können richtig essen.

„Catch down“ – „Catch up“: Wachstum mit Bremse oder mit Beschleunigung

Nicht immer entwickelt sich das Gewicht so gleichmäßig wie bei Alexandra, Andrea und Sebastian. In Abbildung 4 sehen Sie wieder zwei Kurven, die völlig unterschiedlich sind. **Calvins** Kurve ist *grün*, **Teresas** Kurve ist *rot*. Beide sind gleichmäßig gewachsen und durchschnittlich groß. Sie können erkennen, wie sich das Gewicht während der ersten beiden Lebensjahre entwickelt hat.

An Calvins grüner Kurve können Sie erkennen: Bei seiner Geburt wog er 3.300 g – genau durchschnittlich. Mit zwei Jahren wiegt er 10 kg. Das ist wenig für seine Größe (85 cm). Ab dem 4. Lebensmonat ist er langsam von der Mitte in Richtung „leicht“ gerutscht. Mit 12 Monaten ist er endgültig am oberen Rand der Kurve angekommen. Seitdem verläuft seine Kurve gleichmäßig am oberen Rand. Nur drei von hundert Kindern seiner Größe sind so leicht wie er. Ist das nun ein Anzeichen für

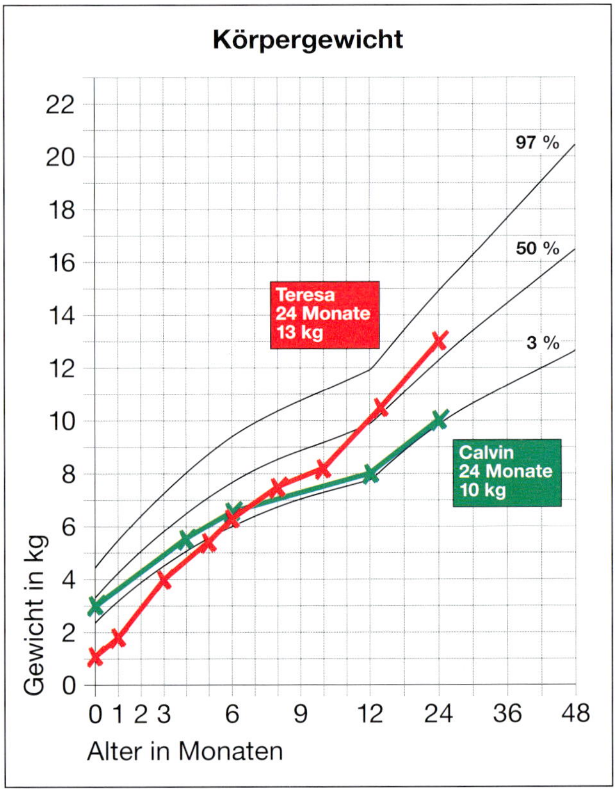

Abb. 4: Wachstums-Tempo

ein ernsthaftes Problem? In den ersten Lebensmonaten war Calvin doch so schön „normal“ gewesen. Warum ist er jetzt schon seit über einem Jahr so dünn?
Was uns Calvins Gewichtskurve zeigt, das nennen die Fachleute „catch down growth“. Man kann es ungefähr übersetzen mit „Wachstum pendelt sich auf niedrigerem Stand ein“. Bei seiner Geburt und während der ersten Lebensmonate war Calvin für seine Verhältnisse eigentlich zu schwer. Ab dem vierten Lebensmonat nahm er wesentlich langsamer zu, und allmählich erreichte er das Gewicht, das wirklich seinen Anlagen entsprach. Und dabei blieb es. Auch Calvins Kurve ist normal.

> Natürlich waren **Calvins** Eltern in Sorge, als er weniger trank und dünner wurde. Zum Glück war Calvin kerngesund und zeigte ihnen auf diese Art, dass es ihm gut ging. Erst am Ende des zweiten Lebensjahres waren sie überzeugt, dass Calvin seinen Weg „am Rande der Kurve“ gefunden hatte und dass es für ihn so richtig war.

Eine ähnliche Kurve ist oft bei Babys zu beobachten, die bei ihrer Geburt besonders schwer waren – zwischen 4 und 5 kg – und sich im Laufe ihres ersten Lebensjahres dann allmählich auf die Mitte zu bewegen. Dort gehören sie eigentlich hin, und dort bleiben sie auch.
Teresas rote Kurve verläuft genau umgekehrt: Sie kam 10 Wochen zu früh zur Welt und wog bei ihrer Geburt nur 1.400 Gramm. Sie nahm zunächst noch etwas ab, aber dann holte sie sehr schnell auf. Schon am Ende des ersten Lebensjahres hatte sie mit 10,5 kg ein durchschnittliches Gewicht (und mit 75 cm eine durchschnittliche Größe) erreicht. Seit dem Ende des 2. Lebensjahres ist sie sogar etwas schwerer als der Durchschnitt.
Der Fachbegriff für diese Entwicklung ist „catch up growth“, also in etwa „Wachstum holt auf“. Wie Teresa kommen solche Kinder oft zu früh zur Welt und sind deshalb anfangs klein und leicht. Ihren Weg auf der Wachstumskurve müssen sie erst noch finden, und manche schalten dafür wie Teresa den „Turbogang“ ein und legen in atemberaubendem Tempo zu. Auch Teresa hatte ungefähr mit einem Jahr ihre „richtige“ Stelle auf der Wachstumskurve gefunden.

Teresa und Calvin zeigen uns, dass Gewicht und Größe bei der Geburt noch nicht sehr viel zu bedeuten haben. „Catch up"- und „catch down"- Kurven sind normal: Das Wachstum kann vor allem im Laufe des ersten Lebensjahres beschleunigt oder abgebremst werden. Erst gegen Ende des zweiten Lebensjahres wird dann die durch Veranlagung vorgegebene Marke endgültig erreicht.

Da stimmt etwas nicht: auffällige Wachstumskurven

Sie fragen sich mittlerweile vielleicht: Was sollen denn die ganzen Kurven, wenn sowieso alles normal ist? Gibt es überhaupt Kurven, die auf ein Problem hindeuten? Es gibt sie, aber selten. In der Regel gilt: Wenn es Ihrem Kind gut geht, darf es aus dem Rahmen – bzw. aus der Kurve – fallen. Es muss nicht stromlinienförmig-durchschnittlich sein – auch wenn Sie manchmal vielleicht anders beraten werden:

> Vor 15 Jahren besuchte ich mit meinem ersten Kind eine Stillgruppe. Eine Mutter erzählte: *„Meine Tochter ist jetzt vier Monate alt. Ich stille noch voll. Der Kinderarzt hat sie vor zwei Wochen gewogen und festgestellt, dass sie viel zu schwer ist für ihre Größe. Ich sollte abstillen und auf Quark umstellen, damit sie dünner wird. Der kann seinen Quark selber essen! Von Muttermilch allein kann ein Baby überhaupt nicht zu dick werden. Das weiß doch jeder. Ich habe mir einen anderen Arzt gesucht."*

Seien Sie immer vorsichtig mit Ratschlägen, die sich *nur* auf ein angeblich zu hohes oder zu niedriges Gewicht beziehen. Wer sich ein Urteil bilden will, sollte sich zusätzlich

- **das Kind anschauen: Ist es gesund und gut entwickelt?**
- **die Eltern anschauen: Welche Erbanlagen könnten eine Rolle spielen?**
- **die Wachstums- und Gewichtskurve anschauen: Ist der Verlauf ungewöhnlich?**

Nach so vielen „normalen" Kurven stellen wir Ihnen nun noch zwei vor, die nicht normal sind, in der Kinderarzt-Praxis aber doch hin und wieder auftauchen.

Sven war bei der Geburt 4.140 g schwer und lag damit über dem Durchschnitt. Svens Mutter war sehr froh, dass ihr Baby so „pflegeleicht" war: Er weinte fast nie, schlief schon mit sechs Wochen durch und „meldete" sich nur alle 5–6 Stunden. Er schlief auch tagsüber sehr viel. An der Brust trank er mit wenig Begeisterung. Schon nach wenigen Minuten hörte er auf. Es schien ihm aber zu reichen, denn er hielt ja bis zur nächsten Mahlzeit wieder einige Stunden aus.

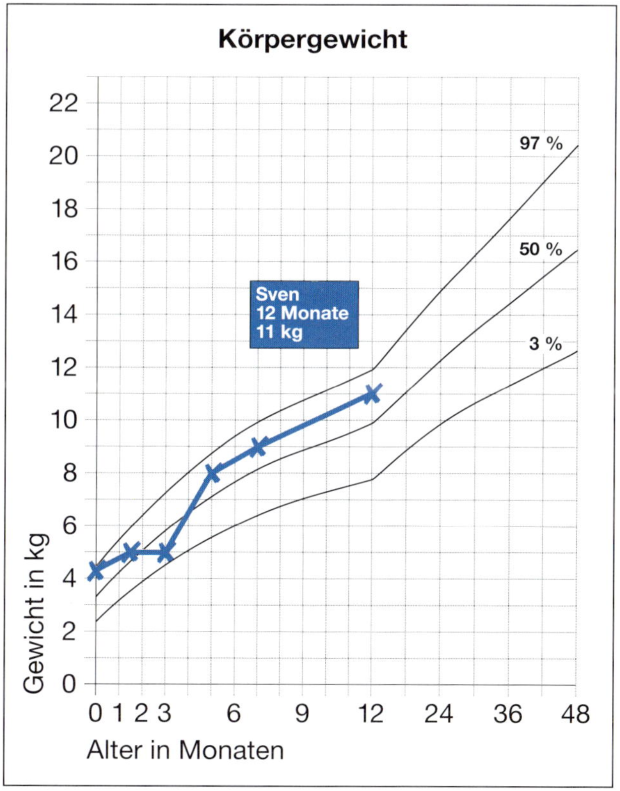

Abb. 5: An der Brust „verhungert"

Hier sehen Sie Svens Gewichtskurve in den ersten 12 Monaten (Abb. 5). Normalerweise nehmen Neugeborene während der ersten Lebensmonate besonders schnell zu. Schon mit vier Monaten haben viele ihr Gewicht verdoppelt. Sven hat schon in den ersten Wochen etwas weniger als üblich zugenommen, aber das war noch kein Alarmsignal. Schließlich war er bei seiner Geburt auch besonders

schwer. Bei der U 4, als Sven dreieinhalb Monate alt war, mussten wir jedoch feststellen: Er hatte seit sechs Wochen überhaupt nicht mehr zugenommen. Wie konnte das passieren? Er wurde doch voll gestillt! Warum trank er denn nicht mehr? Babys wissen doch angeblich, wie viel sie brauchen.
Sven und seine Mutter hatten ein Problem. Sven war nicht sehr aktiv und nicht fordernd. Er gab seiner Mutter keine deutlichen Signale, wann er Hunger hatte. Fünf bis sechs Stunden Trinkpause waren allerdings für einen kleinen Säugling sehr lang. Zusätzlich deutete seine Mutter jedes Abwenden von der Brust als „satt" und nahm ihm die Brust weg. Sven beschwerte sich ja nicht. Sie freute sich, dass Sven so „pflegeleicht" war.
Was passierte nun? Sven trank wenig und selten. Muttermilch wird entsprechend der Nachfrage gebildet: Es wurde immer weniger, obwohl er eigentlich immer mehr gebraucht hätte. Das Angebot stimmte nicht mehr. Sven fing allmählich an, an der Brust zu „verhungern". Seine Mutter kam erst in die Kinderarzt-Praxis, als sein Gewicht schon dramatisch eingebrochen war. Deshalb mussten wir bei Sven ausnahmsweise das Zufüttern empfehlen. Sven hat innerhalb kürzester Zeit aufgeholt und mit sechs Monaten seinen Platz auf der Gewichtskurve wieder gefunden. Nun eine letzte auffällige Kurve (Abb. 6):

> Anders als Sven nahm **Jens** während der ersten sechs Monate ganz gleichmäßig zu. In dieser Zeit wurde er voll gestillt. Dann stellte seine Mutter auf Getreidebrei um, und die Gewichtskurve knickte ab. Das sah verdächtig nach einer Getreide-Unverträglichkeit aus. Die Diagnose bestätigte sich: Jens hatte Zöliakie. Er vertrug das Klebereiweiß im Getreide nicht. Es griff seine Darmschleimhaut an. Seit seine Mutter es weiß, kann sie ihm Reis oder Mais als Ersatz anbieten. Seit das Angebot wieder stimmt, gedeiht Jens gut. Im zweiten Lebensjahr hat er alles gut aufgeholt.

Vielleicht haben Sie bisher die Kurve eines Kindes vermisst, das aufgrund von *Stress* plötzlich abnimmt oder zunimmt. Dazu Dr. Morgenroth: Ich kann Ihnen keine zeigen, weil ich in meiner Kinderarzt-Praxis – in der ich bisher ungefähr 20.000 Kinder untersucht habe – noch nie so eine Kurve gesehen habe. Nur in den ersten sechs Lebensjahren kommen die Kinder regelmäßig

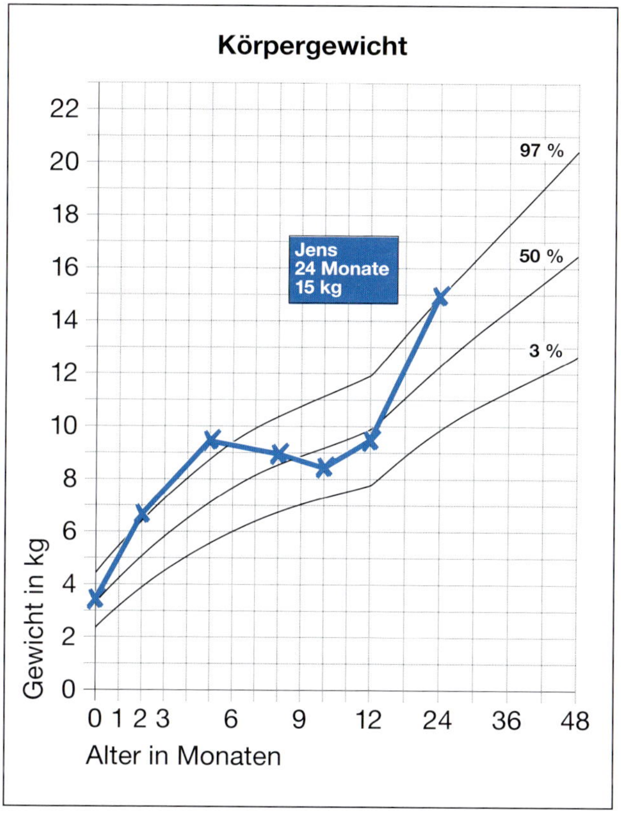

Abb. 6: Getreide-Unverträglichkeit

zu den Vorsorge-Untersuchungen. In diesem Alter gibt es noch keine plötzliche Gewichtszunahme durch „Stress". Die Selbstregulation klappt einfach noch zu gut.

Und die Fütterstörung im Säuglingsalter, von der man manchmal hört? Wenn Kinder die Nahrung vollständig verweigern und dadurch die Gesundheit des Kindes und die Eltern-Kind-Beziehung ernsthaft bedroht werden? Müssen solche Kinder nicht manchmal sogar ins Krankenhaus eingeliefert werden? Gibt es das etwa nicht? Meine Antwort: Natürlich wird die Eltern-Kind-Beziehung durch eine völlig angespannte Fütter-Situation manchmal extrem belastet. Wenn ein kleines Baby die Nahrung verweigert, kann das für die Mutter fürchterlich sein. Für das Kind können die verzweifelten Versuche der Mutter, das zu ändern, ebenso fürchterlich sein.

Die sechs Monate alte **Anke** musste ich mit ihrer Mutter in die Spezialabteilung einer Kinderklinik einweisen, denn die Mutter war völlig verzweifelt und brauchte Hilfe. Sie war fest davon überzeugt, Anke würde ohne gewaltsames Füttern tagelang jede Nahrung verweigern. Die Mutter machte beim Füttern alle Fehler, auf die wir im nächsten Kapitel zu sprechen kommen. Aber Anke hatte trotz der extrem gestörten Beziehung und trotz häufiger Nahrungs-Verweigerung immer zugenommen. Mutter und Kind brauchten psychologische Hilfe, aber das Baby war erstaunlicherweise trotz allem nicht „zu dünn" geworden.

Anders kann es aussehen bei Frühgeborenen, die wochen- oder monatelang künstlich beatmet und künstlich ernährt wurden. Durch ihre Erfahrungen mit Schläuchen und ständigen Manipulationen im Mund und im Hals lehnen sie manchmal alles ab, was auch nur ihren Mund berührt. Sie müssen mit viel Geduld und Liebe ganz langsam an das Gefühl gewöhnt werden, einen Sauger oder einen Löffel zu akzeptieren. Dazu kommt: Sie müssen erst lernen, eigenständig zu schlucken. Ein ausgetragenes Baby beherrscht den Ablauf von Saugen und Schlucken innerhalb von zwei Tagen nach der Geburt perfekt. Bei Frühgeborenen kann diese Entwicklung einen Monat, bei sehr unreifen Frühgeborenen sogar bis zu drei Monaten dauern. In diesen seltenen schwierigen Fällen kann es zu einem Teufelskreis mit Stress und Gewichtsabnahme kommen. Wenn die Eltern es nicht allein schaffen, sollten sie professionelle Hilfe in Anspruch nehmen.
Fälle, in denen Säuglinge und kleine Kinder bis zum Schulalter durch *Stress* (und nicht durch *Krankheit*) bedrohlich abnehmen, kenne ich aus der Praxis nicht. Allerdings wird in den ersten Lebensjahren gesät, was später gute oder schlechte Früchte bringen kann: Ältere Kinder und Jugendliche haben manchmal ihre Selbstregulation völlig verlernt. Psychische Probleme können dann mit einer rasanten Gewichtszunahme einhergehen, oder es kann zu ernsthaften Erkrankungen wie Bulimie (Ess-Brech-Sucht) oder Magersucht kommen.

Schlussfolgerungen

Zum Thema „Zu dick oder zu dünn: Was sagt die Wachstumskurve?" haben Sie jetzt viele Informationen, Fallbeispiele und Kurven gesehen. Das Wichtigste fassen wir noch einmal zusammen:

- Ist Ihr Kind gesund? Dann isst es sehr wahrscheinlich auch gesund – egal, ob es dick oder dünn oder durchschnittlich ist.
- Streben Sie für Ihr Kind keinesfalls eine „Traumfigur" an, sondern nehmen Sie es so an, wie es ist: groß oder klein, dick oder dünn, zart oder kräftig. Wenn Sie Ihrem Kind genug und das Richtige zu essen anbieten, ist es wahrscheinlich genau richtig, so wie es ist.
- Bei den Vorsorge-Untersuchungen können Sie zusammen mit dem Kinderarzt die Wachstumskurve von Gewicht und Körpergröße anschauen und feststellen, ob es einen ungewöhnlichen Verlauf gibt.
- Ein gleichmäßiges Wachstum ist immer ein gutes Zeichen.
- Im ersten Lebensjahr sind „Catch up"- und „Catch down"-Kurven normal.
- Ein plötzlicher steiler Gewichtsabfall deutet bei einem Säugling oder einem kleinen Kind fast immer auf eine Krankheit hin. Diese muss erkannt und behandelt werden. „Mehr Essen einflößen" würde das Problem keinesfalls lösen.
- Egal ob Ihr Kind schwer oder leicht oder durchschnittlich ist, beachten Sie unsere Spielregel: **Sie** bestimmen, **was** Sie Ihrem Kind anbieten. **Ihr Kind** entscheidet, **ob** und **wie viel** es davon essen möchte. Das gilt auch für besonders schwere und besonders leichte Kinder. Nur so kann Ihr Kind seine optimale, durch Veranlagung vorgegebene Gewichtslinie finden.

Was braucht Ihr Kind zum Leben? Kleine Ernährungskunde

Was ist „gesund“?

Welche Lebensmittel sind für Ihr Kind „gesund“, und welche sind „ungesund“? Während der ersten Lebensmonate ist es ganz einfach. Muttermilch ist zweifellos „gesund“ und das Beste, was Sie Ihrem Baby anbieten können. Die der Muttermilch so gut wie möglich nachgemachte Anfangsnahrung aus dem Fläschchen ist das Zweitbeste. Danach kommt eine kurze Übergangszeit. Das Baby wird von der Brust entwöhnt. Es dauert einige Monate, bis es mit am Familientisch sitzt und alles mitessen kann, was Ihr Angebot hergibt. Die Stillzeit und die Übergangszeit werden im 4. Kapitel genauer besprochen. In diesem Abschnitt geht es um Grundlagen der Ernährung, die vom Kleinkind- bis zum Erwachsenenalter gelten.
Sicherlich haben Sie schon bestimmte Vorstellungen von „gesunder“ oder „vollwertiger“ Ernährung. Aber setzen Sie sie auch in die Tat um? Halten Sie zum Beispiel Pommes mit Currywurst oder Gummibärchen oder Cola oder Fleisch vom Holzkohlegrill für „gesund“? Kennen Sie vernünftige und sympathische Erwachsene – Sie selbst eingeschlossen – die diese Sachen trotzdem essen oder trinken? Warum nur? Oder wie ist es mit dem „Gläschen über den Durst?“ Warum leisten sich das viele Menschen immer wieder, obwohl sie vielleicht sogar am nächsten Tag Kopfschmerzen haben?
Die Antwort ist einfach: Bei der Auswahl unserer Nahrungsmittel lassen wir uns nicht unbedingt von der Frage: „Was halte ich für gesund?“ leiten. Was wir aussuchen, hat auch mit Genuss, mit unserer Stimmung, unseren speziellen Gelüsten und Vorlieben zu tun. Außerdem hängt es davon ab, wie viel Geld und Zeit wir für unsere Mahlzeiten aufwenden können. Und nicht zuletzt spielt eine Rolle, ob wir gern und gut (gehört meist zusammen) kochen oder ob wir uns damit eher abquälen.

Zwar haben wir vielleicht ganz genaue strenge Vorstellungen von gesunder und ungesunder Ernährung – aber wir schaffen es oft nicht, uns daran zu halten. Und wenn wir selbst der Schokolade oder dem dritten Glas Wein oder gar der Zigarette nicht widerstehen können – wie sollen wir es dann fertig bringen, unseren Kindern nur „Gesundes" anzubieten? Schon schleichen sich Schuldgefühle ein. Was Eltern aber am wenigsten brauchen können, ist ein noch größeres schlechtes Gewissen.
In Wirklichkeit ist eine Aufteilung in „gesunde" und „ungesunde" Lebensmittel kaum möglich. Denn „ungesunde" Lebensmittel gibt es überhaupt nicht. Zumindest dürfen in Deutschland keine Nahrungsmittel verkauft werden, die die Gesundheit schädigen könnten. Alkoholische Getränke sind die einzige Ausnahme. Alle Lebensmittel sind „gesund" – solange sie nicht verdorben oder mit Schadstoffen belastet sind. „Ungesund" ist vor allem, wenn man zu wenig zu essen hat. Vergessen Sie bitte nicht, dass das noch vor wenigen Jahrzehnten auch bei uns das größte Ernährungs-Problem war.
„Ungesund" kann allerdings auch eine besonders ungünstige einseitige Auswahl sein. Ein einziger direkter Zusammenhang ist wirklich gesichert: Zu viel Zucker kann Karies verursachen.
Was darüber hinaus geht, ist meist Spekulation. Es ist nicht bewiesen, dass bestimmte „minderwertige" Lebensmittel zwingend bestimmte Krankheiten auslösen. Es ist auch nicht bewiesen, dass man mit bestimmten „vollwertigen" Lebensmitteln bestimmten Krankheiten (z. B. Krebs) sicher vorbeugen kann.
Sie können also viel weniger falsch machen, als Sie vielleicht befürchtet haben. Allein auf die richtige Mischung im Nahrungsangebot kommt es an. Aber das ist nicht kompliziert. Sie müssen nicht alles wissen über Vitamine, Ballaststoffe, Spurenelemente, Kohlenhydrate, Proteine, Lipide … Sie brauchen keine ausgeklügelten Diätpläne oder Vitamintabellen. Wir stellen Ihnen nur zwei Grundregeln mit viel Spielraum für jede Art von „Kochkunst" vor. Mit diesen Regeln können Sie Ihr Kind gut genug ernähren. Niemand hindert Sie daran, es noch besser zu machen und das Optimale anzustreben. Aber Ihr Antrieb sollte Spaß und Interesse sein, nicht Leistungsdruck – sonst ist Ihr Stress größer als der Effekt.

Was kommt auf den Tisch?

Wenn aber ohnehin alles „gesund“ ist – was sollen Eltern dann für ihre Kinder aussuchen und auf den Tisch bringen? Die Antwort ist einfach: **alles!** Vielfalt im Nahrungsangebot ist schon fast eine Garantie für ausgewogene Ernährung. Die erste Grundregel für ein gutes Nahrungsangebot lautet also:

- **Bieten Sie Ihrem Kind alles an, was es gibt**

Sitzt Ihr Kind mit am Familientisch? Kann es schon gut beißen, kauen und schlucken? Kann es allein essen? Kann es aus der Tasse trinken? Dann kann es nach und nach an allem teilhaben, was Ihr Tisch hergibt – von A bis Z: Äpfel und Artischocken, Birnen und Blauschimmelkäse, Kartoffeln und Kaninchen, Orangen und Oliven, Spinat und Seeteufel, Zitronen und Zucchini …
Ist Ihnen so eine Auswahl zu exotisch oder kostspielig? Sie brauchen nicht zu übertreiben. Das Angebot aus einem preiswerten Supermarkt ist auch reichhaltig genug. Wählen Sie aus – und lassen Sie Ihr Kind von allem kosten.
Und wenn Ihr Kind nichts Neues probieren will? Das macht nichts. Es ist ganz normal, dass Unbekanntes zunächst viele Male abgelehnt wird. Essen Sie selbst mit Genuss: *„Welch ein Glück, dass ich alles allein essen darf! Es schmeckt wunderbar!“* Und bieten Sie ihm beim nächsten Mal unverdrossen wieder etwas an. Bringen Sie alle Speisen immer nur auf den Tisch, niemals „in das Kind hinein“. Aber Sie können ein gutes Vorbild sein: Auf lange Sicht werden Sie Ihr Kind mit Ihrer Lust und Neugier auf alle Köstlichkeiten dieser Welt anstecken – auch wenn es manchmal einige Jahre Geduld erfordert.

> Eine gute Freundin ist Französin und lebt in der Provence. Sie kann beneidenswert gut kochen – und in ihrem Dorf auf dem Markt aus einem beneidenswert vielfältigen Angebot mit hervorragender Qualität auswählen. Als ich sie mit meinen Töchtern dort besuchte, freute sie sich, dass sie alles probierten und mit Begeisterung auch ihre exotischen Gerichte aßen. Sie seufzte: *„Das hätte ich mir von meinem Sohn auch gewünscht! Er hat jahrelang immer nur ‚Ketchup mit irgendwas darunter‘ verlangt.“*

Aber sollte man sein Kind wirklich *alles* probieren lassen? Auch Hamburger und Currywurst und vor Farbstoff und Konservierungsmitteln strotzende Süßigkeiten aus den heiß begehrten „gemischten Tüten?" *Ja!* Denn alles, was Sie Ihrem Kind bewusst vorenthalten oder verbieten, kann besonders faszinierend und interessant werden. Sie sollten das Angebot an dieser Art von Lebensmitteln natürlich begrenzen und nicht täglich und nicht in rauhen Mengen anbieten. Und Sie sollten es Ihrem Kind nicht schon im Kleinkindalter „aufdrängen", sondern abwarten, bis es von selbst danach verlangt. Aus eigener Erfahrung weiß ich: Beim ersten Kind lässt es sich wesentlich länger hinauszögern – die Geschwisterkinder lernen das „wahre Leben" früher kennen und fragen eher danach.

Das Argument: *„Das gibt es nicht, weil es nicht gesund ist"*, überzeugt Kinder nicht. Was passiert denn, wenn sie eine Currywurst gegessen haben? Sie fallen nicht tot um, es wird ihnen (meistens) nicht schlecht, und sie werden auch nicht krank. Was soll also daran „nicht gesund" sein? Gesundheitliche Folgen nach jahrelangem übermäßigen Genuss von mehreren Currywürsten pro Tag sind zwar denkbar – aber wie soll ein Kind so einen Zusammenhang begreifen? Und was spielt das für eine Rolle, wenn Sie ihm nur ab und zu neben vielen, vielen anderen Speisen eine anbieten?

Und wie ist es mit Sätzen wie *„Du musst Gemüse essen, sonst wirst du krank"*, *„Von Möhren bekommst du gute Augen"*, *„Vollkornbrot macht dich richtig stark"?* Ihr Kind glaubt Ihnen kein Wort. Fühlt es sich schlecht, wenn es kein Gemüse gegessen hat? Sieht es schärfer nach seiner Portion Möhren? Wachsen seine Muskeln, sobald das Vollkornbrot im Magen gelandet ist? So einfach sind diese Zusammenhänge nicht. Wenn sie überhaupt stimmen, zeigt sich die Wirkung erst nach Jahren oder Jahrzehnten. Ein „Lernen aus Einsicht" ist nicht möglich. Diskussionen mit Ihrem Kind über „gesund oder nicht gesund" verursachen viel Stress und bringen wenig ein.

Deshalb diskutieren Sie mit Ihrem Kind besser nicht über Ihr Angebot. Wenn Sie auf lange Sicht **alles** anbieten und **nichts** verbieten, müssen Sie sich nicht mehr rechtfertigen. Dafür haben Sie viel Spielraum, was Sie bei jeder einzelnen Mahlzeit auswählen und anbieten wollen.

Wovon kommt wie viel auf den Tisch?

Wenn Sie unsere zweite Grundregel beachten, kann schon fast nichts mehr schief gehen:

- **Bieten Sie viele Kohlenhydrate und wenig Fett an**

Falls Sie es genauer nachlesen wollen: Der deutsche Ernährungs-Experte Prof. Volker Pudel hat diese Regel in seinem empfehlenswerten Buch *„Ketchup, Bigmac, Gummibärchen"* (11) ausführlich erläutert. Wir beschränken uns hier auf die wichtigsten Punkte.

Warum ist zu viel Fett schlecht?

Wir haben schon ausgeführt, dass zu viel Fett die angeborene Selbstregulation durcheinander bringen kann. Fette Speisen enthalten in kleinen Portionen viele Kalorien. Das verführt zum Essen „über den Hunger". Auch deshalb, weil Fett ein Aromaträger ist und den guten Geschmack an die Speisen bringt. Zu viel essen bedeutet immer: zu viel Fett essen. In Deutschland macht der Anteil der Fettkalorien bei der Ernährung 40 % aus. Das ist zu viel. Gut wären weniger als 30 %.

Warum sind viele Kohlenhydrate gut?

Wie Sie wissen, bestehen pflanzliche Lebensmittel wie Reis, Kartoffeln, Gemüse und Obst sowie alle Getreideprodukte wie Brot und Nudeln zum größten Teil aus Kohlenhydraten. Kohlenhydrate haben im Vergleich zu Fett viele Vorteile. Sie machen satt. Sie sind meist zusätzlich noch reich an Ballaststoffen, Vitaminen und Mineralstoffen. Daher ist die Ernährung fast immer vollwertig, wenn mehr als die Hälfte der benötigten Energie von Kohlenhydrat-Kalorien stammt.

Volker Pudel weist in seinem Buch auf einen weiteren unschätzbaren Vorteil von Kohlenhydraten hin: Sie könnten von Menschen in sehr großen Mengen gegessen werden, ohne dick zu machen. Er begründet es so: Schweine und Ratten – für die Wissenschaft besonders beliebte Versuchstiere – werden tatsächlich dick, wenn man sie mit zu vielen Kohlenhydraten, zum Beispiel mit Kartoffeln, mästet. Sie wandeln jede überflüssige Kohlenhydrat-Kalorie sofort in Fett um.
Menschen jedoch wandeln jede nicht benötigte Fett-Kalorie zuerst in Fett um. Kohlenhydrat-Kalorien werden dagegen verbraucht und nur unter extremen Bedingungen als Fettpolster gespeichert. Vorher müssten an einem Tag riesige Mengen von Kohlenhydraten verspeist werden: zum Beispiel drei Kilo Kartoffeln oder zwei Kilo gekochte Nudeln – oder 500 g reiner Zucker. Aber wer macht das schon?
Fetthaltige Speisen enthalten in kleinen Mengen viel mehr Kalorien. Und das Tückische ist: Sie schmecken nach „mehr". Deshalb ist die Gefahr, davon mehr als genug zu essen, besonders groß.

Zucker ist ein Sonderfall. Er besteht ausschließlich aus Kohlenhydraten. Genau wie Brot oder Reis oder Nudeln wird Zucker am Ende im Körper in Glukose umgewandelt. Zucker ist also nicht grundsätzlich „schädlich" oder „ungesund". Trotzdem sollte Zucker nicht in großen Mengen gegessen werden, denn er hat mehrere Nachteile:

- Zucker verursacht Karies.
- Im Gegensatz zu den anderen kohlenhydrat-reichen Lebensmitteln enthält Zucker keine zusätzlichen wertvollen Bestandteile wie Vitamine, Spurenelemente und Ballaststoffe.
- Genau wie Fett bringt Zucker die Selbstregulation durcheinander und bewirkt, dass eher über den Hunger hinaus gegessen wird.
- Zucker wird meist nicht als reiner Zucker, sondern in Kombination mit viel Fett verspeist: Denken Sie an Kuchen, Torten, Schokolade oder Eis. Deshalb sind süße Speisen oft ausgesprochene „Dickmacher".
- Zucker und Fett zusammen – das ist die höchste Form der Verführung.

Übrigens: Honig ist nicht „gesünder“ als Zucker. Er besteht fast ausschließlich aus Trauben- und Fruchtzucker und aus Wasser und ist deshalb nicht anders zu bewerten als Zucker.

Unsere Regel muss also etwas eingeschränkt werden:

- **Bieten Sie möglichst viele Kohlenhydrate, aber nicht zu viel Zucker an.**

Vermissen Sie in unserer Grundregel das Eiweiß? Über Eiweiß brauchen Sie sich keine Gedanken zu machen. Davon bekommen wir immer genug, denn es ist in pflanzlichen und tierischen Lebensmitteln enthalten. Nur Vegetarier müssen bei ihrer Nahrungsauswahl aufpassen, dass sie genügend Eiweiß enthält.
Was ist noch wichtig? Die Deutsche Gesellschaft für Ernährung empfiehlt, zusätzlich noch auf genügend Jod und genügend Kalzium zu achten. Deutschland ist Jodmangelgebiet. Jod ist aber wichtig, damit die Schilddrüse gut funktionieren kann. Kalzium ist wichtig für die Knochen, besonders im Wachstumsalter. Genügend Jod stellt sich von selbst ein, wenn wir Jodsalz verwenden – und mit Jodsalz gebackenes Brot essen. Genügend Kalzium stellt sich ein, wenn wir regelmäßig Milch und Milchprodukte auf den Tisch bringen. Auch viele andere Lebensmittel sind reich an Kalzium, zum Beispiel Mandeln, Bohnen, Broccoli – um nur einige zu nennen.

Die Ernährungs-Pyramide

Zum Abschluss unserer kleinen Ernährungskunde stellen wir Ihnen die Ernährungs-Pyramide vor. In den USA kennt sie buchstäblich jedes Kind: Auf vielen Lebensmittel-Verpackungen ist sie abgedruckt, und sie ist vom Kindergartenalter an Gegenstand der Gesundheitserziehung. Auf anschauliche Weise fasst sie das bisher Ausgeführte zusammen.

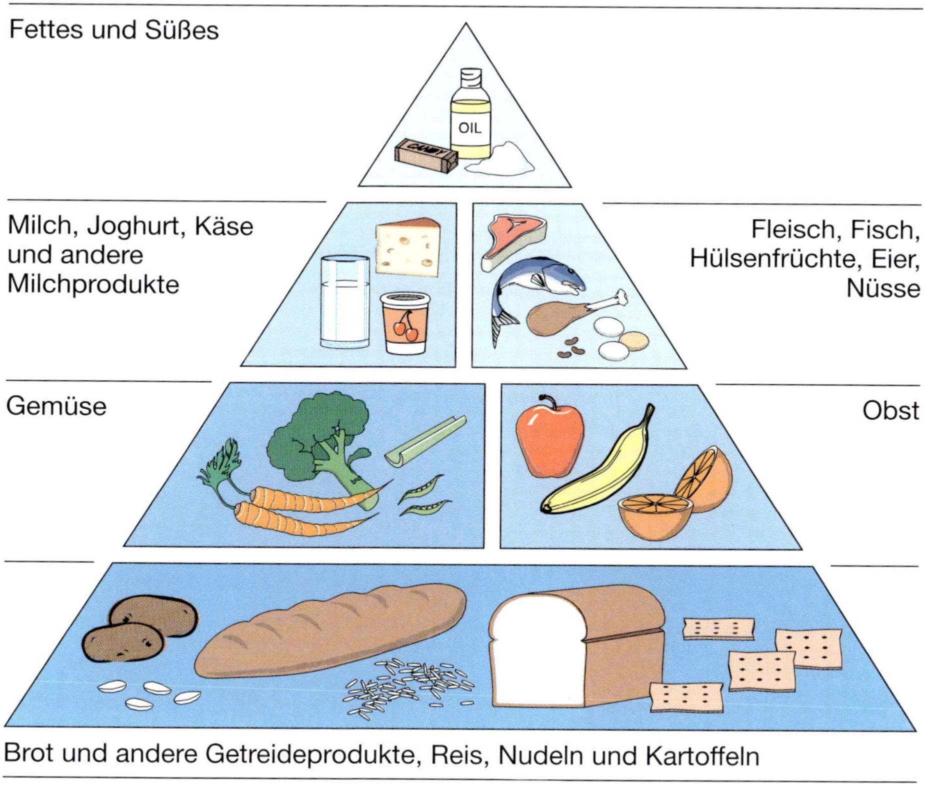

Abb. 7: Die Ernährungs-Pyramide

Sie sehen: Getreideprodukte, Nudeln, Reis, Mais und Kartoffeln – also die besonders kohlenhydrat-reichen Grundnahrungsmittel – bilden das Fundament unserer Ernährung. Zum Glück sind genau diese Grundnahrungsmittel besonders preiswert. Sie können aus dem Vollen schöpfen: Ein Zuviel ist praktisch nicht möglich, solange nicht übermäßig viel Fett oder Zucker bei der Zubereitung zugesetzt wird.
Dasselbe gilt für das erste „Stockwerk" der Pyramide. Auch Obst und Gemüse sind reich an Kohlenhydraten. Zusätzlich enthalten sie viel Wasser – und viele Vitamine. Auch bei Obst und Gemüse ist ein Zuviel nicht möglich – es kann ebenfalls in unbegrenzter Menge angeboten werden. Und wieder gilt: Zurückhaltung mit Fett und Zucker bei der Zubereitung!
Im zweiten „Stock" der Pyramide wird es schon deutlich enger. Milch und Milchprodukte auf der einen Seite, Fisch, Fleisch, Geflügel und Hülsenfrüchte auf der anderen Seite sind natürlich auch lebenswichtige Bestandteile der täglichen Ernährung. Im Vergleich zum Fundament sind aber viel kleinere Mengen erforderlich. Das Angebot aus dieser Gruppe dürfen Sie also durchaus begrenzen. Das schont Ihren Geldbeutel. Denn Fleisch, Fisch, Käse und Wurst können recht kostspielig sein. Ein weiter Grund: In diesem „Stockwerk" – vor allem in Käse, Fleisch und Wurst – kann auch viel Fett „versteckt" sein.
Für die Spitze der Pyramide bleibt nicht mehr viel Platz übrig. Fett und Zucker sollten nicht unbegrenzt angeboten werden. Sie brauchen aber auch nicht ganz darauf zu verzichten, denn was wären Fleisch oder Gemüse ohne Sahne, Öl oder Butter? Wie soll ein feiner Nachtisch schmecken – ohne Zucker? Da Fett und Zucker unsere Speisen oft erst köstlich machen, eignen sie sich zum wohldosierten, begrenzten, geplanten Einsatz besonders gut. Zum Essen „aus Langeweile" oder „so nebenbei" – denken Sie an die fettigen Kartoffelchips vor dem Fernseher – eignen sie sich besonders schlecht.
Äußerst ungünstig ist es deshalb auch, die tägliche Zuckermenge durch gesüßte Getränke wie Cola oder Limonade oder durch unverdünnten Fruchtsaft „so nebenbei" in die Höhe zu treiben. Zum Durstlöschen eignet sich nichts besser als Wasser – es darf durchaus Leitungswasser sein. Auch ungesüßter Tee oder mit Wasser stark verdünnter Fruchtsaft sind empfehlenswert. Milch und unver-

dünnter Saft sind nicht zum Durstlöschen geeignet. Sie haben aber ihren Platz als Bestandteil der Mahlzeiten. Und die heißgeliebte Cola oder Limonade? Behandeln Sie sie am besten als das, was sie sind: als Süßigkeit, die es ab und zu, aber keineswegs immer gibt.

Warum kommen in der Pyramide die lebenswichtigen Vitamine und Spurenelemente nicht vor? Wenn Sie die vorgeschlagenen Essregeln befolgen und ein reichhaltiges Angebot auf den Tisch bringen, können Sie sicher sein: Bei Ihrem Kind werden keine Mangelerscheinungen auftreten. Auch dann nicht, wenn Ihr Kind von Ihrem Angebot anscheinend nur einseitig Gebrauch macht. Vitamin-Zusätze sind nicht notwendig, wenn das Angebot stimmt.

Schlussfolgerungen

In diesem Abschnitt ging es um die Frage: *„Was braucht Ihr Kind zum Leben?“*

Unsere Antwort lautet zusammengefasst:

- Alles, was es gibt – je vielfältiger das Angebot, desto besser
- Möglichst viele Kohlenhydrate, aber nicht zu viel Fett und nicht zu viel Zucker
- Die Ernährungs-Pyramide ist eine anschauliche Hilfe bei der Auswahl des Angebots.

Damit sind wir wieder bei unserer „Spielregel“ angekommen. **Sie** entscheiden, **was** Sie Ihrem Kind anbieten: **Sie** sind es, die eine bunte, reichhaltige Auswahl auf den Tisch bringen. **Sie** sorgen dafür, dass in Ihrem Angebot kohlenhydrat-reiche Lebensmittel immer in reichlichen Mengen enthalten sind: Grundnahrungsmittel, Obst und Gemüse – davon können weder Sie noch Ihr Kind zu viel bekommen.

Also kann **Ihr Kind** ganz allein entscheiden, **wie viel** es davon essen möchte. Ihre Auswahl ist so vielfältig, dass **Ihr Kind** auch entscheiden

kann, **ob** es etwas davon essen möchte. Irgendetwas in Ihrem Angebot wird ihm sicherlich zusagen. Wenn nicht, kann es ohne Probleme eine Mahlzeit auslassen und sich bei der nächsten Mahlzeit neu entscheiden. Wie wenig Ihr Kind auch isst, bei einem reichhaltigen Angebot kann es, wenn Ihr Kind gesund ist, niemals zu wenig sein.
Sie sind es auch, die das Angebot an Fettem und Süßem begrenzen. Ihr Kind kann genau so viel davon essen, wie Sie auf den Tisch bringen, aber nicht mehr. Sie sind der „Türsteher", Sie entscheiden, wann und wie oft Sie Fett und Zucker „hereinlassen" – und wie viel davon. In der Praxis bedeutet das: Ihr Kind kann immer einen Nachschlag bekommen an Reis, Kartoffeln, Brot, Gemüse oder Obst. Aber es bekommt nicht mehr als die Portion Pudding, Schokolade, Torte, Kartoffelchips oder fettes Fleisch, die Sie mit Bedacht auf den Tisch gestellt haben. Ist die Ration an Fettem oder Süßem an diesem Tag oder in dieser Woche schon üppig gewesen, stellen Sie weniger oder gar nichts davon auf den Tisch. Oder Sie messen für jeden am Familientisch schon vorher eine Portion ab. **Ob** und **wie viel** es **davon** essen möchte, kann dann wieder **Ihr Kind** entscheiden. Seinen „Extrahunger" kann es bei jeder Mahlzeit mit Lebensmitteln aus dem Fundament und aus dem „ersten Stock" der Ernährungs-Pyramide stillen.

An dieser Stelle erhob der Vater der vierjährigen **Clara** Einspruch: *„Das funktioniert nicht! Wenn ich Clara überlasse, was sie aus dem Angebot aussucht, entscheidet sie sich jeden Morgen beim Frühstück für Nutella – da können zusätzlich die tollsten Sachen auf dem Tisch stehen!"*

Claras Vater hatte die „Spielregel" offensichtlich nicht ganz verstanden. Was hatte er übersehen? Schokoladen-Nusscreme ist bei Kindern natürlich besonders beliebt. Richtig süß und richtig fett – was gibt es Köstlicheres für Kindermünder? Es spricht überhaupt nichts dagegen, solche Cremes mit ins Angebot aufzunehmen. Aber muss es jeden Tag sein?

Claras Vater kann doch entscheiden, wie oft in der Woche er das Glas auf den Tisch stellt. Und was macht Clara, wenn die Schokocreme fehlt? Vielleicht quengelt sie. Aber wenn sie nichts damit erreicht, wird sie es nach einiger Zeit aufgeben. Vielleicht will sie ihren Papa „testen“ und verzichtet ganz auf ihr Frühstück. Wenn Papa das akzeptiert und Clara einfach bis zur nächsten Mahlzeit warten muss, wird sich auch dieses Problem schnell in Luft auflösen. Und wenn Clara wirklich weder Wurst noch Käse noch Quark noch Marmelade noch sonst etwas vom Frühstückstisch mag? Macht gar nichts – Brot gibt es schließlich auch noch, jeden Tag, so viel sie möchte.

Kapitel 2: Das Wichtigste in Kürze

- Kleine Kinder haben die angeborene und noch unverfälschte Fähigkeit, das für sie richtige Essen in der richtigen Menge auszuwählen – wenn das Angebot nicht zu viel Fett und Zucker enthält.
- Ob Ihr Kind dick oder dünn wird und welchen Körperbau es bekommt, ist zu einem erheblichen Teil durch Vererbung vorgegeben.
- Wenn Ihr Kind gesund und aktiv ist, isst es sehr wahrscheinlich genau die für seine Bedürfnisse richtige Menge, egal ob es dick oder dünn oder durchschnittlich ist.
- Bei der Zusammenstellung eines optimalen Nahrungsangebots helfen zwei Grundregeln:
  - Bieten Sie alles an, was es gibt.
  - Achten Sie darauf, dass Ihr Angebot möglichst viele Kohlenhydrate und nicht zu viel Fett enthält.
- Die Ernährungs-Pyramide ist eine anschauliche Hilfe bei der Auswahl des Angebots.

3

Was macht den Esstisch zum Stresstisch?

Dieses Kapitel zeigt, …

- was passiert, wenn Eltern **zu viel** tun und für ihr Kind entscheiden wollen, wie viel es essen soll
- was passiert, wenn Eltern **zu wenig** tun und ihrem Kind überlassen, was auf den Tisch kommt, und wie es sich beim Essen benimmt

Was auf den Tisch kommt, das bestimmen Sie, die Eltern. Genau darum ging es am Ende des letzten Kapitels. Im 4. Kapitel wird dieses Thema für jede Altersgruppe – vom Säugling bis zum Schulkind – noch einmal genauer behandelt.
Ob und **wie viel** Ihr Kind von Ihrem mit Bedacht ausgewählten Angebot essen möchte, kann und sollte es ganz allein entscheiden. Wenn Eltern sich in diesem Punkt einmischen, verstoßen sie gegen die Spielregel: Sie „mogeln". Dabei kommt niemals etwas Gutes heraus. Die Einmischung der Eltern hilft niemandem, aber sie verursacht viele Probleme. Die Eltern haben Stress beim Essen, das Kind hat Stress beim Essen. Die Eltern kämpfen, das Kind kämpft. Es geht nicht mehr um „satt" oder „hungrig", sondern um die Frage: *„Wer gewinnt"?* Die Eltern zeigen ihrem Kind: *„Du kannst das nicht allein entscheiden."* Sie trauen ihm nicht zu, ein einfaches und wichtiges Grundbedürfnis selbst zu regeln. Das Kind verlernt, sich in diesem Punkt selbst zu vertrauen. Es verlernt, auf seine innere Stimme zu hören. Wenn es ganz unglücklich läuft, schleicht sich bei dem Kind das Gefühl ein: *„Mit meinem Körper stimmt etwas nicht."* Und es verlernt, seinen eigenen Körper zu mögen.
„Mogeln" bedeutet bei jüngeren Kindern in den meisten Fällen: Die Eltern bringen das Kind dazu, mehr zu essen, als es selbst möchte. Sie sagen: *„Du musst essen, weil du zu dünn wirst."* Manchmal bedeutet „Mogeln" das Gegenteil: Die Eltern geben dem Kind weniger, als es möchte. Sie sagen: *„Du darfst nicht essen, weil du zu dick wirst."*

Wenn Eltern zu viel tun

„Du darfst nicht so viel essen!“

Was ist der schlimmste Fehler, den Eltern machen können? Ihrem Kind Essen zu verweigern. Der Satz *„Du darfst nicht essen, weil du zu dick bist“*, ist nichts anderes als Druck. Die Eltern ziehen ihrem Kind sozusagen den Teller weg, weil sie befürchten, von allein würde es nie aufhören zu essen. Bei Babys und jüngeren Kindern kommt es allerdings nur sehr selten dazu. Eltern, die ihren *kleinen* Kindern regelmäßig zu wenig zu essen geben – aus Angst, sie würden sonst zu dick – haben wir glücklicherweise bisher nicht kennengelernt. In der folgenden Geschichte geht es daher nur um das Thema „Süßigkeiten“ und um das Essen zwischen den Mahlzeiten.

Melanie war vier Jahre alt, als ihre Mutter zur Beratung kam. In jeder Beziehung testete Melanie ihre Grenzen aus – auch beim Essen. Bei den Mahlzeiten am Familientisch aß sie eher wenig, quengelte und maulte oft, und manchmal verweigerte sie alles. Zwischen den Mahlzeiten verlangte sie jedoch immer häufiger nach Essen, besonders nach Süßigkeiten. Sie schien den ganzen Tag ans Essen zu denken. Ihre Mutter versuchte es mit Diskussionen, gab anfangs aber sehr oft nach – bis sie feststellte, dass Melanie zunahm und nicht mehr in ihre Hosen passte. Melanies Mama bekam einen Schreck und versuchte es mit Konsequenz: Süßigkeiten wurden nicht mehr eingekauft. Zwischen den Mahlzeiten wurde überhaupt nichts mehr angeboten. Was dann passierte, machte Melanies Mutter völlig fassungslos: Sie erwischte ihre Tochter zweimal dabei, wie sie sich im Supermarkt eine Packung Kekse unter den Pullover schob! Melanie hatte geklaut – im Alter von vier Jahren!

Wie konnte es dazu kommen? Melanies Mutter hatte doch konsequent gehandelt! Offensichtlich hatte sie zu stark auf die Ess-Bremse getreten und damit Druck ausgeübt. Nur noch morgens, mittags und abends etwas angeboten zu bekommen, und niemals etwas Süßes oder richtig Leckeres – das war zu viel für Melanie. Sie dachte wirklich nur noch ans Essen. Sie musste sich irgendwie etwas Süßes zu essen besorgen – und deshalb griff sie im Supermarkt zu. Einfach nachgeben und Melanie unbegrenzt mit Süßigkeiten zu füttern konnte auch nicht die Lösung sein. Wir fanden zusammen folgenden Ausweg: Es gab jeden Mittag eine kleine Portion süßen Nachtisch. Den bekam Melanie auf jeden Fall, ob sie von dem Rest der Mahlzeit etwas gegessen hatte oder nicht. Manchmal gab es nachmittags Kuchen, dann fiel der süße Nachtisch weg. So kam ihre Mutter dem Bedürfnis nach Süßem entgegen, ohne die Kontrolle zu verlieren.

Und noch etwas: Melanie liebte Mandarinen. Ihre Mutter kaufte reichlich davon ein. Zwischen den Mahlzeiten durfte Melanie so viele Mandarinen essen, wie sie mochte. Und das tat sie. Am ersten Tag waren es 18 Stück, davon 10 hintereinander! Es war für Melanie ganz wichtig, endlich einmal aus dem Vollen schöpfen zu dürfen, ohne dass jemand mit ihr schimpfte oder ihr erklärte: *„Hör doch endlich auf! Das ist nicht gut für dich! Deine Hosen passen schon nicht mehr!“* So kam ihre Mutter Melanies Bedürfnis entgegen, bei einer Lieblingsspeise die Menge selbst bestimmen zu dürfen. Obst braucht nicht begrenzt zu werden. Nach einer Woche wurden weniger Mandarinen eingekauft. Melanie akzeptierte es. Vier Stück am Tag reichten ihr mittlerweile auch. Der Kampf um das Thema „Essen“ war ausgestanden.

Melanies Mutter hatte geschwankt zwischen Nachgiebigkeit und übertriebener Konsequenz. Melanies Geschichte zeigt, dass zu viel Begrenzung und der völlige Verzicht auf Süßes schon Druck ausüben und fatale Folgen haben können. Eine für Mutter und Kind annehmbare Lösung konnte gefunden werden. Das machte einen weiteren Machtkampf überflüssig.

Eine andere Geschichte erzählte mir eine erwachsene junge Frau.

Sandra, mittlerweile 24 Jahre alt, erinnerte sich, dass ihr Vater früher wenig Zeit für sie hatte und sich nicht gerade liebevoll um sie kümmerte. Eines war ihm aber wichtig: Er wollte eine schlanke Tochter haben. Er achtete streng darauf, dass sie keine zweite Portion bekam. Er achtete darauf, dass sie keine Süßigkeiten bekam. Er verbot ihr, zwischendurch an den Kühlschrank zu gehen. Als er sie einmal dabei erwischte, wurde die Küche abgeschlossen. Immer wieder bekam sie zu hören: *„Du wirst zu dick!“* Sandra weiß noch genau, wie furchtbar und demütigend sie das fand. Sie bekam zu wenig Taschengeld, um sich selbst einmal etwas Süßes kaufen zu können. Das änderte sich mit ihrer Kommunion. Plötzlich hatte sie 300 Mark zur freien Verfügung. Es ist nicht schwer zu erraten, was Sandra mit dem Geld machte: Nach zwei Wochen war nichts mehr davon übrig. Sie hatte es für Süßigkeiten ausgegeben. Sie hatte alles ganz allein aufgegessen – heimlich und mit schlechtem Gewissen.

Sandras Geschichte ist eine sehr traurige Geschichte. Sie spiegelt das Verhältnis zwischen Vater und Tochter. Er vertraute ihr nicht, achtete nicht ihre Bedürfnisse, übte Druck aus und demütigte sie. All das tat er auch, indem er ihr Essen vorenthielt. Je schlimmer der Druck war, desto häufiger musste Sandra ans Essen denken. Bis heute hat Sandra mit den Folgen zu kämpfen: Sobald sie zu Hause auszog – und das tat sie so früh wie möglich – nahm sie rasant zu. Es fällt ihr bis heute schwer, mit dem Essen aufzuhören, wenn sie satt ist.

Auch wenn Sie selbst niemals so brutal vorgehen und die Küche abschließen oder Ihrem Kind einen Nachschlag verweigern würden: Die Versuchung, sich einzumischen und Druck auszuüben, ist sehr groß, sobald Sie Ihr Kind tatsächlich „zu dick“ finden. Sie können kaum mit ansehen, welch große Portionen Ihr Kind vertilgt. Sie haben ein schlechtes Gefühl, wenn Ihr Kind Eis oder Kuchen oder Süßigkeiten isst. Der Satz *„Du solltest nichts mehr essen, weil du zu dick wirst“* spukt Ihnen zuerst eine Weile im Kopf herum, und dann ist er Ihnen doch „herausgerutscht“. So ein Satz ist Gift für das Selbstvertrauen Ihres Kindes.

Sie können sich leicht in die Lage Ihres Kindes hineinversetzen: Stellen Sie sich vor, Sie haben Gäste, und es gibt Ihr absolutes Lieblingsgebäck. Sie wollen gerade genussvoll ein zweites Mal zulangen. Da hält Ihr Mann Ihre Hand fest und sagt: *„Das reicht ja wohl. Willst du noch dicker werden?“* Wie würden Sie sich fühlen? Verletzt und gedemütigt? Oder so wütend, dass Sie es ihm

gern auf der Stelle heimzahlen würden? Oder würden Sie sich am liebsten scheiden lassen? Ihr Kind fühlt sich nach so einem Satz genau so schrecklich. Ihr Kind kann sich aber nicht von Ihnen scheiden lassen. Es kann sich allerdings rächen und Ihnen beweisen, dass es stärker ist als Sie – indem es den Kampf aufnimmt und erst recht viel isst.
Was ist von einer von Ihnen oder von wem auch immer verordneten Diät zu halten? Gar nichts! Wenn Sie Ihrem Kind eine Diät zum Abnehmen vorsetzen, tragen Sie sozusagen ständig ein Plakat mit der Aufschrift *„Du darfst nicht essen, weil du zu dick bist"* herum. Eine Diät ist Druck – nichts anderes! Ein Erwachsener kann sich selbst entscheiden, ob er eine Diät durchhalten will oder nicht. Und trotzdem: Selbst bei Erwachsenen führt eine Diät in den allermeisten Fällen nur zum „Jo-Jo-Effekt": Sie nehmen ab und nach Ende der Diät jedesmal um so mehr zu. Nur wenn ein Erwachsener besonders motiviert ist, besteht eine geringe Chance auf langfristige Gewichtsabnahme. Einem Kind gegen seinen Willen eine Diät zu verordnen ist brutaler Druck. Es kann gar nicht wirken, weil die Motivation fehlt. Dafür geht mit sehr großer Wahrscheinlichkeit der Schuss nach hinten los: Das Kind beschäftigt sich noch mehr mit dem Essen und nutzt jede Gelegenheit, sich den Bauch vollzuschlagen. Es verlernt seine Selbstregulation – und fühlt sich zu Recht schlecht behandelt.

Ein Kind vor die Entscheidung zu stellen: *„Willst du eine Diät machen?"* funktioniert ebenfalls nicht. Die Frage ist eigentlich eine Falle. Denn darin sind zwei Botschaften versteckt:
1) *„Du solltest nicht essen, weil du zu dick bist"*
2) *„Du bist selbst schuld, wenn du zu dick bist.*
Wer wirklich will, kann auch dünner werden."
Deshalb kann die Frage nicht helfen. Helfen können Sie Ihrem Kind nur, wenn Sie seinen Körper akzeptieren und ihm zeigen: *„Ich liebe dich so, wie du bist!"*

„Du darfst nicht essen, weil du zu dick wirst" ist Druck! Druck funktioniert nicht! Druck macht alles nur schlimmer!

Was können Sie stattdessen tun? Die Spielregel einhalten!

- Sie können Süßigkeiten (auch süße Getränke) und fette Speisen begrenzt und geplant ins Haus und auf den Tisch bringen. Machen Sie aber niemals einen Unterschied zwischen dem „dicken“ Kind und den anderen Familienmitgliedern. Die Ernährungs-Pyramide gilt für alle.
- Sie können Ihrem Kind überlassen, wie viel Brot oder Kartoffeln oder Reis oder Nudeln oder Obst oder Gemüse – alles aus dem Fundament und dem 1. Stock der Ernährungs-Pyramide – es essen möchte. Es ist ganz wichtig, dass es die Menge selbst bestimmen darf, auch wenn es Ihnen sehr viel erscheint.
- Sie können festlegen, wann Ihre Mahlzeiten und Zwischenmahlzeiten stattfinden.
- Sie können festlegen, welche Regeln am Tisch gelten.
- Sie können dafür sorgen, dass Ihr Kind körperlich aktiv bleibt.
- Falls Ihr Kind in kurzer Zeit sehr stark zugenommen hat, könnte ein ganz anderes Problem dahinter stecken. Sie können versuchen, die Ursache zu finden. Vielleicht können Sie ihm helfen, eine Lösung zu finden.

Mehr können und dürfen Sie nicht tun. Ihr Einfluss auf die Figur Ihres Kindes ist eher gering. Aber Sie haben großen Einfluss darauf, ob Ihr Kind sich wohl in seinem Körper fühlt und sich zutraut, seine Nahrungsaufnahme nach seiner inneren Stimme selbst zu regeln. Davon kann es sein Leben lang profitieren.

„Du musst mehr essen!“

Bei unserer Umfrage in der Kinderarzt-Praxis stellte sich heraus, dass bis zu 20 % der Eltern mit Kindern zwischen einem und fünf Jahren der Meinung waren: *„Mein Kind isst zu wenig.“* Es ist nur ein sehr kleiner Schritt von dieser Meinung zum „Mogeln“. Finden auch Sie Ihr Kind „zu dünn?“ Was liegt dann näher als der Versuch, mehr Essen in das Kind hineinzubekommen, damit es endlich etwas zulegt? Aber wie können Sie das bewerkstelligen, ohne Druck auszuüben? Die Antwort ist: Es geht nicht. Entweder Ihr Kind darf die Menge selbst bestimmen, wie wenig es auch ist – oder Sie mischen sich ein und üben Druck aus: *„Du musst mehr essen, weil du zu dünn bist!“* Eltern haben viele Möglichkeiten, gegen die Spielregel zu verstoßen und dem Kind mehr Essen einzuflößen, als es möchte.

Extremer Druck: Füttern unter Zwang

Kinderarzt Dr. Morgenroth berichtet:

> Füttern unter Zwang kann extreme Formen annehmen. Das Schlimmste, was ich in meiner Praxis gesehen habe, passierte mit einem sechs Monate alten Mädchen. Seine Mutter konnte es nicht ertragen, dass ihr Kind nichts vom Löffel annehmen wollte. Immer wieder drehte es schreiend den Kopf zur Seite. Eines Tages, als es ihr selbst schlecht ging, verlor die Mutter völlig die Kontrolle und stopfte ihrem Kind in ihrer Verzweiflung den Löffel mit Gewalt in den Hals. Als sie mit ihrem Baby in die Praxis kam, stellte ich zu meinem Entsetzen fest, dass der Gaumenbogen zerrissen war. Die Kleine musste sofort ins Krankenhaus, weil sie nicht mehr schlucken konnte.

Füttern unter Zwang muss nicht wie in diesem Beispiel in schlimmste Kindesmisshandlung ausarten. Aber ein Kind gegen seinen Willen zu füttern ist immer Zwang. Ich habe von Eltern gehört, die ihr Kind in der Badewanne fütterten, weil es sich so furchtbar wehrte und das meiste wieder ausspuckte. Manche Eltern zwängen ihrem Baby immer wieder den Sauger vom Fläschchen in den Mund.

> So machte es **Ankes** Mutter, von der im 2. Kapitel schon die Rede war: Obwohl Anke schrie und zappelte und versuchte, den Kopf wegzudrehen, wurde ihr die Flasche immer wieder in den Mund gedrückt, bis sie leer war.

Manche Eltern halten ihrem Kind den Kopf fest, damit es sich nicht wegdrehen kann. Oder sie drücken gegen seine Wangen, damit sich der Mund öffnet.

Oder sie halten ihm die Nase zu, un dann in den sich öffnenden Mund Essen hinein zu bekommen. Oder sie warten, bis es schreit, und stopfen dann Essen hinein. Oder sie schieben den Löffel so weit in den Rachen wie möglich. Landet der Löffel hinter dem Zungengrund, kann das Kind das Essen nicht mehr mit der Zunge aus dem Mund befördern.
Diese grausame „Technik" war vor einer Generation noch äußerst verbreitet, und Sie als Leser(in) sind vielleicht als Baby auch noch so gefüttert worden: Bis in die 70er Jahre hinein war Stillen eher die Ausnahme als die Regel. Dafür wurden schon winzige, erst wenige Wochen alte Babys mit dem Löffel gefüttert. Der Löffel musste praktisch bis zum Anfang der Speiseröhre eingeführt werden, denn sonst hätten die Babys mit ihrer Zunge alles postwendend wieder hinausbefördert. Das tun sie reflexartig während der ersten vier Lebensmonate. Es leuchtet mittlerweile jedem ein, dass frühes Löffel-Füttern absolut unsinnig ist.
Füttern unter extremem Zwang spielt sich wohl meist im Verborgenen ab. Eltern, die es tun, sind verzweifelt und reden möglichst nicht darüber. Füttern unter Zwang kennen aber viele Eltern noch aus ihrer eigenen Kindheit. Die Mutter eines Zweijährigen erzählte mir, dass sie in ihrer Kindheit regelmäßig Prügel bekam, wenn sie es nicht geschafft hatte aufzuessen. Wundert es Sie, dass diese Mutter mit ihrem Sohn heute Probleme beim Essen hat? Es gab auch „harmloseren" Zwang: Der Teller musste leer gegessen werden, sonst durfte man nicht aufstehen. Da halfen auch keine Tränen. Der Spinat musste gegessen werden, wie verhasst er auch war. Jeder von uns, der als Kind unter Zwang essen musste, kann sich bis heute daran erinnern. Manchmal stellen sich noch nach Jahrzehnten Übelkeit oder ein unangenehmes Gefühl ein, wenn wir an solche Situationen denken.

Versteckter Druck: „Du isst nicht? Du liebst mich nicht!"

Füttern mit Druck kann auch viel versteckter vor sich gehen. Am besten kann man es mit einer Situation vergleichen, in die Sie sich vielleicht gut hineinversetzen können:

Stellen Sie sich vor, Sie sind eingeladen, sagen wir bei Ihrer Schwiegermutter. Sie hat sich viel Arbeit gemacht und eine mächtige Buttercreme-Torte auf den Tisch gestellt. Erwartungsvoll schaut Sie Ihnen beim Essen zu: *„Schmeckt es dir?“* Sie hassen Buttercreme-Torte, aber Sie wollen sie nicht enttäuschen. Sie wissen: Für Ihre Schwiegermutter wäre es eine persönliche Beleidigung, wenn Sie nichts von der Torte essen würden. Ihre Schwiegermutter würde daraus schließen: *„Sie isst meine mit Liebe zubereitete Torte nicht? Aha, sie mag mich nicht!“* Sie finden diese Schlussfolgerung zwar völlig unsinnig, aber Sie kennen Ihre Schwiegermutter. Also nicken Sie und kämpfen tapfer ein Stück in sich hinein. Und ehe Sie Einspruch erheben können, liegt schon das zweite Stück auf Ihrem Teller. Fühlen Sie sich in so einer Situation unter Druck gesetzt? Was würden Sie am liebsten machen? Würden Sie sich auf das nächste Essen bei Ihrer Schwiegermutter freuen?
Nicht wenige Eltern legen ein ähnliches Verhalten an den Tag wie so eine Schwiegermutter. Ein Beispiel ist die Mutter der zweijährigen Olga. Im gemeinsamen Gespräch wurde ihr klar, was regelmäßig beim Essen zwischen ihr und ihrer Tochter abläuft:

> **Olgas** Mutter kocht „extra“ für ihr Kind. Sie stellt das Essen hin und schaut ihrer Tochter erwartungsvoll zu. Lehnt Olga das Essen ab, fühlt ihre Mama sich persönlich verletzt und beleidigt. Sie schließt daraus: *„Du lehnst mein Essen ab? Ich habe es doch mit Liebe für dich gemacht. Du nimmst meine Liebe nicht an. Also magst du mich nicht. Das ist ja furchtbar!“* Olga spürt beides: die übertriebene Erwartungshaltung der Mutter und die maßlose Enttäuschung, wenn sie nichts oder wenig gegessen hatte.

Wahrscheinlich können Sie jetzt sehr gut nachempfinden, wie Olga sich fühlt: sehr ähnlich wie Sie in dem ausgedachten Beispiel mit der Schwiegermutter. Aber Olga hat es noch ein bisschen schwerer: Wenn sie von sich aus nicht essen will, wird sie von ihrer Mutter gefüttert. So weit würde Ihre Schwiegermutter mit Ihnen wohl nicht gehen. Und Olga bekommt mehrmals täglich den Erwartungsdruck ihrer Mutter zu spüren, während Sie wahrscheinlich nur gelegentlich bei Ihrer Schwiegermutter essen müssen.

Manchmal ist auch **Olga** ganz höflich und isst „lieb“ alles auf. Dann ist ihre Mama glücklich und lobt sie überschwänglich. Aber meistens ist Olga nicht höflich und zurückhaltend. Meistens mag sie nicht gern essen. Und das zeigt sie sehr deutlich: Sie matscht mit dem Essen herum, quengelt und schreit, will aus ihrem Hochstuhl aufstehen und herumlaufen. Wenn sie gefüttert wird, dreht sie oft den Kopf weg oder schlägt auf den Löffel. Dann ist ihre Mama verzweifelt. Je nach ihrer eigenen Stimmung verliert sie die Nerven und schimpft laut, oder sie gibt nach und lässt Olga beim Essen durch die Wohnung laufen.

Olgas Mama hat lange Zeit nicht gemerkt, dass sie Druck auf ihre Tochter ausübt. Essen setzt sie gleich mit *„du bist lieb“* und mit *„du hast mich lieb“*. Nicht-Essen bedeutet für sie *„du bist böse“* und *„du magst mich nicht“*. Olga bekommt das zu spüren. Aber es verwirrt sie. Was hat das mit hungrig sein und satt sein zu tun? Kein Wunder, dass Olga die Mahlzeiten nicht besonders mag. Kein Wunder, dass Olga oft den Spieß umdreht und ihre Mutter „bestraft“, indem sie alles ablehnt. Trotzdem hat Olga immer zugenommen. Ihr angeborenes Regelsystem funktioniert immer noch so gut, dass sie genug isst. Aber die Beziehung zu ihrer Mutter wird durch diesen unnötigen Druck belastet, und beide haben fast bei jeder Mahlzeit Stress. Da die Mutter kaum noch an etwas anderes als an die Mahlzeiten denken kann, hat sie fast den ganzen Tag Stress.
Olgas Mutter muss begreifen, dass die Liebe zu ihrer Tochter **nicht** durch den Magen geht. Sie muss begreifen, dass sie auch eine gute Mutter sein kann, wenn ihre Tochter meistens wenig und ab und zu gar nichts essen mag. Sie muss begreifen: Olga kann die Menge, die sie isst, perfekt regeln. Der Druck geht nur nach hinten los. Keinen Bissen isst Olga dadurch mehr. Auch ohne Druck würde Olga vielleicht insgesamt nicht mehr essen. Das braucht sie auch nicht, denn ihre Gewichtskurve ist völlig normal. Aber sie würde auch nicht weniger essen. Und mit Sicherheit könnten Mutter und Kind viel mehr Spaß statt Stress beim Essen haben.
Vom Verstand her ist Olgas Mutter das alles klar geworden. Aber es gelingt ihr längst noch nicht immer, danach zu handeln. Zu tief sitzt das Misstrauen, zu

viele „Gespenster“ aus ihrer eigenen Kindheit spuken noch in ihrem Kopf herum. Deshalb haben wir gemeinsam einige Merksätze überlegt, die sie in der Küche aufgehängt hat und die ihr vielleicht helfen können, die „Gespenster“ zu vertreiben:

- „Wenn du gesund bist und fidel, ist mir egal, ob du wenig isst oder viel!“
- „Ob dick oder dünn – ich hab dich lieb!“
- „Ich vertraue darauf: du nimmst dir, was du brauchst!“
- „Ich nehme dich an, wie du bist – egal, wie viel du von mir annimmst!“
- „Du magst nichts? Das macht nichts!“

Ein zusätzlicher Hinweis hat Olgas Mutter gut geholfen. Sie hatte immer „extra“ für ihre Tochter gekocht und selbst nicht mitgegessen mit der Begründung: *„Ich nehme ja schon zu, wenn ich Essen nur anschaue.“* Also saß sie immer bei den Mahlzeiten daneben und schaute ihr erwartungsvoll zu. Versetzen Sie sich einmal in Olgas Lage: Schon dieses erwartungsvolle Zuschauen war Druck! Nach unseren Gesprächen nahm sich auch Olgas Mutter etwas auf den Teller und aß bei jeder Mahlzeit gemeinsam mit ihrer Tochter. Sie konzentrierte sich auf ihre eigene Mahlzeit und widmete Olga keine übertriebene Aufmerksamkeit mehr.

Druck durch Belohnung: Ohne Gemüse kein Nachtisch

„Erst musst du deinen Teller leer essen, sonst gibt es keinen Nachtisch!“ Dieser Satz ist beliebt und verbreitet. Wenn das Kind „brav“ oder „schön“ gegessen hat, bekommt es zur Belohnung einen süßen Nachtisch. Wenn es nicht „schön“ gegessen hat, bekommt es keinen Nachtisch (oder erst, nachdem es lange genug gequengelt hat). Viele Eltern machen es so, und ich gebe zu, dass ich es mit meinen ersten beiden Kindern früher auch manchmal so gemacht habe. Mittlerweile weiß ich, dass nichts Gutes dabei herauskommen kann. Warum nicht?

Es gibt eine Untersuchung darüber (12): Vorschulkinder wurden in zwei Gruppen eingeteilt. Die einen bekamen eine Belohnung, wenn sie eine bestimmte neue Speise probierten, die anderen nicht. Haben die „belohnten“ Kinder anschließend diese Speise freiwillig häufiger ausgesucht? Nein! Im Gegenteil. Sie wollten nichts mehr davon wissen. Die Belohnung hatte nicht als Anreiz gewirkt, sondern als Druck. Es zeigte sich: Druck geht nach hinten los.
Essen mit Nachtisch zu belohnen, ist auch Druck. Viele Eltern glauben uns das nicht. Vielleicht wird es an Daniels Geschichte deutlicher. Denn seine Mutter hat sich etwas ganz Besonderes ausgedacht:

> **Daniel,** knapp drei Jahre alt, ist ein „schlechter Esser“, wie seine Mama meint. Obwohl er ganz gut allein essen kann, füttert seine Mama ihn fast immer. Er mag kein Gemüse, aber natürlich mag er Süßes. Am liebsten Schokolade. Wenn seine Mama ihn mit Gemüse füttern will, macht er meistens den Mund zu. Daniels Mama weiß sich zu helfen. Sie holt einen Riegel Schokolade aus dem Schrank. *„Schau mal, mein Schatz,“* sagt sie. *„Diese Schokolade bekommst du erst, wenn der Teller leer ist. Sonst gehen wir rüber zur Nachbarin. Dann bekommt die Mirjam die Schokolade.“* Das will Daniel natürlich nicht. Der Mund geht auf, und er lässt sich widerstandslos einige Löffel Gemüse einflößen.

Welche Logik! Mirjam, die zweijährige Nachbarstochter, hat nun wirklich überhaupt nichts mit Daniels Gemüseportion zu tun. Es ist reine Erpressung. Vordergründig funktioniert sie auch, denn Daniel isst ja etwas Gemüse. Aber wie fühlt sich Daniel dabei? Mit Todesverachtung schlingt er das Gemüse hinunter, damit er die Schokolade bekommt und nicht Mirjam. Er denkt sich: *„Jetzt muss ich dieses verdammte Gemüse essen, damit ich Schokolade kriege. Die Mama ist so gemein! Ich hasse Gemüse!“* Er ist sauer auf seine Mutter. Wird er Gemüse auf diese Art jemals schätzen lernen? Nein. Diese Art von „Belohnung“ macht es erst recht hassenswert. Er muss etwas essen, was er nicht mag, damit er etwas essen darf, was er mag. Es kommt ihm reichlich verrückt vor. Und genau das ist es auch.

Daniels Mutter war aber überzeugt, an diesem Vorgehen festhalten zu müssen. Sie nannte zwei Gründe:

1) *„Ohne Nachtisch-Erpressung würde Daniel überhaupt kein Gemüse essen.“*
2) *„Wenn er seinen Nachtisch auf jeden Fall bekommt, würde Daniel nur noch Nachtisch und gar nichts anderes essen.“*

Wir wissen, dass viele Eltern genau dieser Meinung sind und sich ebenfalls nur sehr schwer von ihrer Nachtisch-Erpressungs-Methode trennen können.
Zum ersten Punkt: Daniels Mutter hat es nie längere Zeit ohne Druck versucht. Sie traut ihm nicht zu, dass er aus ihrem reichhaltigen Angebot genau das aussuchen kann, was er braucht. Aber er kann es. Sein inneres Regelsystem funktioniert perfekt. Vielleicht braucht er weniger Gemüse, als seine Mutter glaubt. Schließlich mag er gern Äpfel und Bananen, und er trinkt auch regelmäßig Obstsaft. Vielleicht kommt sein Appetit auf Gemüse später. Kleine Kinder sind immer zurückhaltend mit Speisen, die sie nicht kennen. Da hilft Geduld und immer wieder anbieten. Druck durch Erpressung hilft nicht. Druck geht nach hinten los!
Zum zweiten Punkt: Denken Sie daran, dass Sie süße und fette Speisen – aus der Spitze der Ernährungs-Pyramide – immer nur begrenzt auf den Tisch bringen sollten. Wenn Daniel das Gemüse verweigert hat, soll er ja nicht stattdessen eine ganze Tafel Schokolade bekommen, sondern genau das Stück, das seine Mama als Nachtisch für ihn eingeplant hatte. Dieses eine Stück ist Bestandteil der Mahlzeit, genau wie das Gemüse. Daniel kann selbst aussuchen, was er von Mamas Angebot haben möchte. Schokolade bekommt er nur wenig angeboten. Er darf sein Stück auf jeden Fall haben, aber mehr gibt es nicht.
Nachtisch muss unserer Meinung nach nicht unbedingt jeden Tag sein. Und Nachtisch muss nicht immer süß sein. Wenn es Obst ist, können Sie Ihrem Kind die Menge selbst überlassen. Ob oder wie viel es vorher gegessen hat, spielt keine Rolle. Was spricht dagegen, dass Daniel ein riesiges Stück Melone bekommt, obwohl er vorher seine Möhren auf dem Teller gelassen hat?

Noch mehr Tricks – noch mehr Druck: Fallgeschichten

Auch mit gutgemeinten Tricks üben Eltern Druck auf ihre Kinder aus. Aber auch Tricks funktionieren auf die Dauer nicht. Der Übergang zwischen „Füttern unter Zwang" und „Füttern mit Trick" ist fließend.
Sehr weit verbreitet ist es, „schlechten Essern" im Schlaf Milch oder Brei aus der Flasche einzuflößen.

Luisa, 15 Monate alt, aß tagsüber kaum etwas. Den Löffel nahm sie äußerst ungern, und auch die Flasche lehnte sie meist ab. Trotzdem hatte sie normal zugenommen, wie ihre Gewichtskurve zeigte. Wie passt das zusammen? Die Eltern hatten den Rat bekommen: *„Lasst sie nachts trinken, dann merkt sie es nicht!"* Diesen Rat befolgten sie. Sie schnitten ein großes Loch in den Breisauger und füllten dicken Milchbrei in die Flasche. Luisa trank jede Nacht fünf große Flaschen von diesem Milchbrei – im Halbschlaf. Das waren ca.1,5 Liter pro Nacht. Es reichte zum Leben und Gedeihen. Aber Luisa verpasste eine Menge: Sie durfte nicht selbst entscheiden, ob und was sie essen wollte. Da sie tagsüber satt war, konnte sie die Familienmahlzeiten nur mit Geschrei ertragen. Sie lernte dagegen einen Zusammenhang, der nicht gut war: Trinken und Schlafen gehörten für sie zusammen. Da sie nachts trank, konnte sie nicht durchschlafen. Nur ohne nächtliche Mahlzeiten konnte Luisa tagsüber Interesse am Essen entwickeln.

Nächtliches Füttern mit der Flasche ist entweder eine ungünstige Gewohnheit, die das Durchschlafen beeinträchtigt (siehe auch unser Buch *„Jedes Kind kann schlafen lernen")*. Oder es ist ein Trick, mit dem man Kindern zwar unbemerkt Essen einflößen kann – aber der Preis ist hoch: Normales altersgerechtes Essen am Familientisch wird dadurch verhindert.
Was lassen sich Eltern noch alles einfallen? Manche versuchen es mit Ablenken:

Ich selbst habe meinen Kindern **Christoph** und **Katharina,** als sie drei und fünf Jahre alt waren, eine Zeitlang beim Essen eine witzige Räubergeschichte erzählt. Wenn einer von beiden aufhörte zu essen, stoppte ich mitten im Satz und erzählte nicht weiter. Anfangs war das recht lustig, aber nach kurzer Zeit gab es mehr Stress als Spaß. Die Kinder drehten den Spieß um: Sie weigerten sich, ohne die Räubergeschichte auch nur einen Happen zu essen. Nach dem 35. Mal hatte ich überhaupt keine Lust mehr auf die Räubergeschichte, und es kostete einige Mühe und einige Tränen, diese Angewohnheit wieder vom Esstisch verschwinden zu lassen.

Der zweijährige **Tim** bekam eine ganze Batterie von Spielsachen auf dem Tisch aufgebaut. Zwischen Feuerwehrauto und Teddybär konnte immer mal ein Löffel eingeschoben werden. Oder seine Mama las ihm Bilderbücher vor, während sie ihn fütterte. Tims Papa versuchte es mit dem „Hubschraubertrick“: Bevor der Löffel in Tims Mund landete, drehte er mehrere Runden am ausgestreckten Arm von Tims Papa, der dazu gleichzeitig mit den Lippen laute Hubschrauber-Geräusche produzierte: *„Brrrrrrm, da kommt der Hubschrauber in die Garage geflogen! Schöön das Tor aufmachen! Brrrrrm!“*

Jasmin, acht Jahre alt, bekam ihr Essen in mundfertige Stücke zerlegt auf einem Teller vor dem Fernseher serviert. *„So merkt sie gar nicht, dass sie etwas isst,“* meinte ihre Mutter.

Leon, drei Jahre alt, durfte grundsätzlich beim Essen in der Küche herumlaufen. Kam er in die Nähe der Eltern, versuchten diese sofort, etwas Essen in ihn „hineinzubekommen“. Genau so drückten sich die Eltern aus: *„Wir bekommen etwas hinein“* !!! Es besserte sich nicht. Die Eltern hatten das Gefühl, dass Leon ihnen immer weniger „abnahm“. Auch diesen Ausdruck gebrauchten die Eltern wörtlich: *„Er nimmt uns etwas ab.“*

Die Mutter der vierjährigen **Carolin** war besessen von dem Gedanken, ihrer Tochter Essen einzuflößen. Sie übte auf jede erdenkliche Art und Weise Druck aus – und Carolin wehrte sich auf ihre Art: Sie erbrach alles wieder. Es kostete sie weder Mühe noch Überwindung. Dadurch kam ihre Mutter um so mehr in Panik. Bei jedem Spaziergang nahm sie deshalb ein Stück Brot mit. In der Hosentasche formte sie daraus kleine Kügelchen. So oft wie möglich lenkte sie Carolins Aufmerksamkeit auf irgendetwas, um ihr dann unbemerkt ein Brotkügelchen in den Mund zu stopfen.

Manche Eltern üben Druck aus, indem sie ihrem Kind viel zu viel auf den Teller packen.

> So war es bei der Mutter des zwölfjährigen **Sven.** Sie wusste aus Erfahrung, dass Sven regelmäßig äußerst schlechte Laune bekam, wenn er einen leeren Magen hatte. Sie erklärte es ihm immer wieder, lud ihm den Teller voll und verlangte, dass er alles aufessen sollte. Ihre Begründung: *„Wenn du jetzt nicht ordentlich isst, hast du in einer Stunde Heißhunger und brüllst nur noch herum. Du musst doch jetzt auch Hunger haben! Also los – aufessen!“* Es entstand regelmäßig Streit am Mittagstisch. Sven schimpfte auf das Essen, stocherte nur darin herum und spuckte sogar einmal in den Teller. Für Mutter und Kind wurde der Zustand immer unerträglicher.

Wesentlich günstiger ist es, ganz wenig auf dem Teller anzurichten und dem Kind die Gelegenheit zu dem Satz: *„Ich möchte noch etwas“* zu geben. Wenn der Teller immer zu voll ist, kommt es zunehmend zu Widerwillen und zu einer Abwehrhaltung.

Druck geht nach hinten los

All diese Möglichkeiten – ob extremer Druck, „Nachtischtrick“ oder Ablenken – haben eines gemeinsam: Sie funktionieren nicht. Der Druck geht nach hinten los. Die Kinder wehren sich erst recht gegen das Essen. Sie kämpfen und sperren sich. Oder sie drehen den Spieß um: Sie entdecken die Drohung *„Dann esse ich eben nicht“* als Erpressungsmittel und können auf diese Weise die Regeln am Esstisch bestimmen.

Die Eltern halten sich nicht an die Spielregel. Sie „mogeln“. Sie versuchen, Essen in ihr Kind hinein zu bekommen. Das ist aber nicht ihre Aufgabe. Ihre Aufgabe ist, das Essen auszuwählen und auf den Tisch zu stellen. Damit ist ihr Job erledigt.

- **Sie bringen das Essen auf den Tisch – aber nicht in Ihr Kind hinein!**

Dazu passt auch die Geschichte der vierjähigen Lea. Die Geschichte ist ungewöhnlich, denn Lea ist ein ungewöhnliches Mädchen, das zu extremen Reaktionen neigt.

> **Lea** aß eines Tages eine Möhre und verschluckte sich sehr schlimm. Sie hatte zwar keine Atemnot, aber Panik: Ein größeres Stück war wohl in der Speiseröhre stecken geblieben. Es tat sehr weh, Lea weinte, hatte Herzrasen und einen Schweißausbruch und übergab sich. Eine Woche später verschluckte sie sich an einem Brötchen. Eigentlich war es diesmal nicht so schlimm, aber sie reagierte mit ähnlicher Panik. Von da an wollte sie nichts Festes mehr essen – nichts, was sie kauen musste. Nach und nach lehnte sie immer mehr ab. Sie aß nichts Zerdrücktes mehr, nur noch Püriertes. Am Wochenende, wenn der Vater zu Hause war, wurde es regelmäßig noch schlimmer. Er wollte unter allen Umständen, dass sie etwas aß. Er machte ihr sogar Babyfläschchen fertig und lief damit hinter ihr her. Ihre Mutter pürierte ihr sogar Suppen. Aber es wurde immer schlimmer. Lea nahm 2 kg ab. Sie weigerte sich zuletzt sogar, ihre eigene Spucke hinunter zu schlucken.
> Anfangs war es sehr verständlich gewesen, dass Lea Probleme mit dem Essen hatte. Aber je mehr die Eltern sich anstrengten, sie zum Essen zu bewegen, desto schlimmer wurde es. Als es nicht mehr schlimmer werden konnte, hatte die Mutter die rettende Idee. Zu jeder Mahlzeit musste Lea sich mit an den Tisch setzen. Zu jeder Mahlzeit gab es im Angebot auch eine pürierte Suppe. Wenn Lea anfing zu weinen *„Ich kann nichts essen“,* gab ihre Mama liebevoll, aber konsequent jedesmal dieselbe Antwort: *„Es ist etwas dabei, was du essen kannst.“* Mehr sagte sie nicht. Sie übte keinen Druck mehr aus. Es ging wochenlang so. Zuerst fing Lea bei Freunden oder Verwandten an, wieder feste Nahrung zu sich zu nehmen. Ganz allmählich tat sie es auch zu Hause. Mittlerweile isst sie wieder alles. Das Thema ist vom Tisch. Den Gewichtsverlust hat sie innerhalb kurzer Zeit ausgeglichen und sogar noch etwas zugelegt.

Wir möchten gern alle Zweifler unter den Lesern davon überzeugen, dass Druck nicht funktioniert. Deshalb stellen wir Ihnen nun noch eine wissenschaftliche Untersuchung vor, die Peter Wright 1980 mit kleinen Säuglingen und ihren Müttern gemacht hat (13). Er unterteilte seine „Versuchsbabys“ in Gruppen: Die einen wurden gestillt, die anderen bekamen die Flasche. In beiden Gruppen gab es Babys, die bei ihrer Geburt besonders leicht waren, und Babys mit normalem Gewicht. Wright fand heraus: Alle gestillten Babys nahmen gleich gut zu, egal ob sie bei der Geburt leicht oder normal waren. Bei den „Flaschenbabys“ war das Ergebnis anders: Die bei der Geburt besonders Zarten wurden von ihren Müttern häufiger besonders aktiv und „mit Druck“ gefüttert: Zum Beispiel wurde der Sauger in den Mund geschoben, auch wenn das Baby den Kopf wegdrehte. Und je aktiver die Mütter waren, desto *weniger* tranken ihre Babys.

Mit anderen Worten: Mütter mit einem zarten, leichten Baby waren besorgt, ihr Kind sei „zu dünn“. Sie wollten ihrem Kind dabei helfen, besser zu gedeihen, und sie übten Druck aus. Beim Stillen war das nicht möglich. Beim Stillen *können* Mütter einfach keinen Druck ausüben, selbst wenn sie es wollten. Beim Fläschchen-Geben war es dagegen möglich. Aber es funktionierte nicht. Im Gegenteil: Die Kinder wehrten sich und tranken weniger. Der Druck ging nach hinten los.

Wer ein zartes oder frühgeborenes Baby hat und nicht stillt, kommt also recht schnell in Versuchung, beim Füttern zu viel zu tun und Druck auszuüben. Es ist verständlich, aber es wirkt nicht. Auch ein leichtes, frühgeborenes Kind kann am besten selbst regeln, wie viel es braucht.

Warum Eltern zu viel tun

Das Ergebnis passt zu unserer Untersuchung aus dem ersten Kapitel. Fast alle Mütter waren während der ersten sechs bis sieben Monate mit dem Essverhalten ihrer Kinder zufrieden. Die Babys wurden fast alle noch gestillt. Aber wenn die Kinder älter werden, behaupteten viele Eltern: *„Mein Kind isst zu wenig! Mein Kind ist zu dünn!“* Ab dem 2. Lebensjahr ihres Kindes behaupteten es besonders viele Eltern: Bis zu 20 %! Wie Sie mittlerweile wissen, ist das fast immer eine falsche Annahme. All diese Eltern sind in Versuchung, zu viel zu tun und Druck auszuüben. Die meisten von ihnen tun es auch. Wie kommen so viele Eltern auf die abwegige Idee, ihr Kind esse nicht genug? Verschiedene Ursachen können eine Rolle spielen.

Kennen Sie noch *„Die Geschichte vom Suppen-Kaspar“* aus dem *„Struwwelpeter“*? Zur Erinnerung zitiere ich eine etwas verkürzte Fassung:

Der Kaspar, der war kerngesund,
ein dicker Bub und kugelrund,
er hatte Backen rot und frisch;
die Suppe aß er hübsch bei Tisch.
Doch einmal fing er an zu schrein:
„Ich esse keine Suppe! Nein!
Ich esse meine Suppe nicht!
Nein, meine Suppe ess ich nicht!“

Am nächsten Tag – ja sieh nur her –
da war er schon viel magerer.
Da fing er wieder an zu schrein
„Ich esse keine Suppe! Nein!...“

Am dritten Tag, o weh und ach!
Wie ist der Kaspar dünn und schwach!
Doch als die Suppe kam herein,
gleich fing er wieder an zu schrein:
„Ich esse keine Suppe! Nein!...“

Am vierten Tage endlich gar
der Kaspar wie ein Fädchen war.
Er wog vielleicht ein halbes Lot –
und war am fünften Tage tot.

Hat man Ihnen diese Geschichte früher auch vorgelesen? Haben Sie sie geglaubt? Spuken solche Geschichten den Eltern heute noch im Kopf herum? Haben deshalb so viele junge Eltern Angst, ihr Kind würde nicht genug essen? Ich kann mir nicht vorstellen, dass der „Suppen-Kaspar" heute noch so einen großen Einfluss hat. Wahrscheinlich ist es umgekehrt. Im „Suppen-Kaspar" werden Vorurteile und Ängste zum Thema „Essen" auf die Spitze getrieben, die Eltern schon seit Generationen verfolgen – und die noch nie so falsch waren wie heute:

- *„Ein gesundes Kind ist ‚kugelrund' und hat rote Backen."*
  Stimmt nicht! Ein blasses, dünnes Kind kann ebenso gesund sein.
- *„Ein Kind, das nicht isst, ist böse und muss bestraft werden."*
  Stimmt nicht! Essen oder nicht essen hat mit hungrig und satt, nicht mit lieb oder böse zu tun. Deshalb haben Strafen oder Belohnungen für Essen oder Nicht-Essen überhaupt keinen Sinn. Der Suppen-Kaspar allerdings bekommt für sein „böses" Nicht-Essen die Todesstrafe, und auf seinem Grab steht eine Schüssel mit der Aufschrift „Suppe".
- *„Wenn ein Kind nicht essen will, verhungert es innerhalb weniger Tage."*
  Stimmt nicht! Kinder halten viele Tage ohne Nahrung aus. Bei Krankheit mehrere Tage lang zu fasten ist gar nichts Besonderes. Die Kinder nehmen zwar ab, aber sobald sie wieder gesund sind, nehmen sie schnell wieder zu.
- *„Kinder können aus Trotz verhungern."*
  Stimmt nicht! Ein gesundes Kind, das genug zu essen angeboten bekommt, kann überhaupt nicht verhungern. Eine schwere Krankheit – bei Jugendlichen gehört auch die Magersucht dazu – kann die Ursache für ausdauerndes Nicht-Essen sein. Die muss gefunden und behandelt werden. Verhungern „aus Trotz" ist nicht möglich.

Es scheint eine menschliche Ur-Angst zu sein, dass das eigene Kind verhungern könnte. In Zeiten der Armut und der schwierigen Nahrungsbeschaffung – denken Sie nur wenige Generationen zurück – war diese Angst sicherlich sinnvoll. Die Angst brachte die Eltern dazu, ihren kleinen Kindern genug zu essen zu geben. Heute ist diese Angst aber nicht mehr hilfreich, sondern hinderlich.

Eine andere Ursache für die so verbreitete falsche Annahme *„Mein Kind isst zu wenig“* ist: Eltern können einfach nicht alles wissen. Sie beobachten, wie wenig ihr Kind isst, und machen sich unnötig Sorgen.

Versuchen Sie einmal folgende Fragen zu beantworten:

- Wie viel Prozent seines Körpergewichts nimmt ein Säugling pro Monat im *ersten* Lebensjahr zu?
- Wie viel Prozent seines Körpergewichts nimmt ein Kleinkind pro Monat ab Ende des *zweiten* Lebensjahres zu?

Die Antwort: Im ersten Lebensjahr nimmt ein Säugling noch jeden Monat 10 % seines Körpergewichts zu. Ab Ende des zweiten Lebensjahres ist es nur noch 1 %. Hätten Sie das gedacht? Erscheint es Ihnen nun logisch, dass ein Kind dann auch wesentlich weniger Appetit hat, obwohl es größer geworden ist? Genau das wissen aber viele Eltern nicht.
Noch etwas wissen die meisten Eltern nicht: Wenn ein Säugling zunimmt, setzt er hauptsächlich Fett an. In den ersten Lebensmonaten verdoppelt sich der Fett-Anteil im Körper. Dazu braucht er sehr viel Energie – also viele Kalorien. Vom Ende des ersten Lebensjahres an wird der Fett-Anteil im Körper langsam immer kleiner – der Babyspeck verschwindet. Das Kind wird immer dünner. Mit ungefähr sechs Jahren ist der Tiefpunkt erreicht. Von da an geht es wieder aufwärts mit dem Fett – bei Mädchen deutlicher als bei Jungen.

Wie viel Anteil hat das Fett an unserem Körpergewicht?

Wenn ein Kindergarten-Kind zunimmt, legt es also nicht an Fett, sondern eher an Muskeln zu. Dafür wird viel weniger Energie gebraucht – zum Zunehmen sind also viel weniger Kalorien nötig.

- Ein vierjähriges Kind braucht nur halb so viele Kalorien wie ein Säugling, um ein Gramm zuzunehmen.

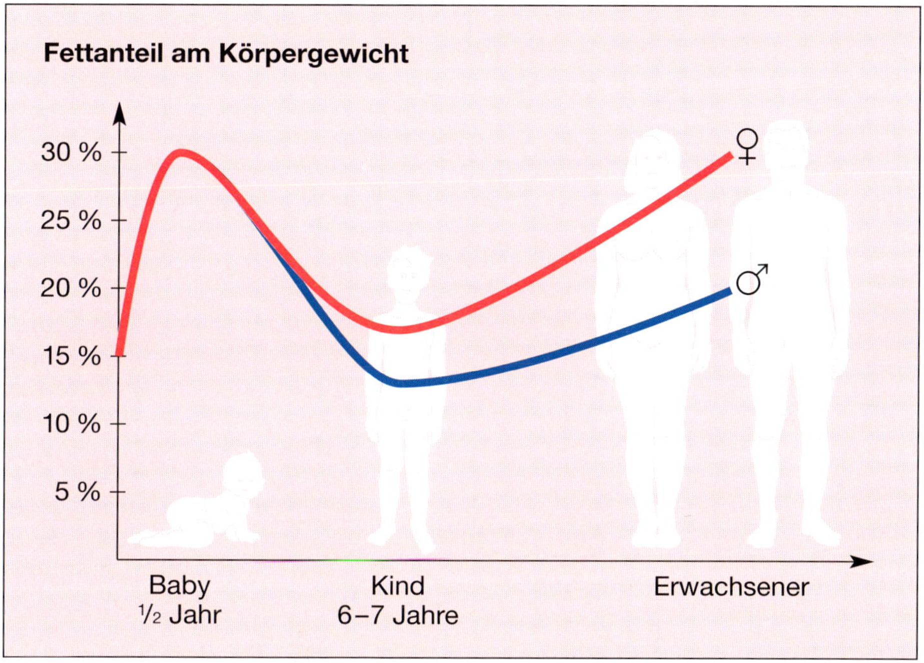

Abb. 8: Der Fett-Anteil im Körper hängt vom Alter ab

Viele Eltern wissen wohl auch nicht, wie perfekt kleine Kinder ihre Nahrungsaufnahme selbst steuern können und wie gut ihre „innere Stimme" funktioniert. Diese innere Stimme nicht zu übertönen, sondern das Vertrauen des Kindes in diese wunderbare Fähigkeit zu erhalten und auszubauen – das ist die beste Erziehung zum „richtigen Essen". Es wäre wunderbar, wenn viele Leser diesen Zusammenhang verstehen und deshalb nicht mehr „mogeln" würden.

Wenn Eltern zu wenig tun

Kochen „auf Kommando“: Wenn das Kind bestimmt, was auf den Tisch kommt

Was ist Kochen „auf Kommando“? Die folgende Geschichte soll es deutlich machen.

Tanja ist fünf Jahre alt und sieht aus wie eine kleine Prinzessin. Sie hat blaue Augen und lange dunkle Locken. Jeder ist entzückt von ihrem Anblick. An einem Wochenende waren wir zu Besuch, und es spielte sich folgende Szene ab: Zum Mittagessen gab es – extra kinderfreundlich – Hähnchen mit Pommes und Gemüse. Tanja saß mit am Mittagstisch, sah das fertige Essen und maulte: *„Iiii, ich mag das alles nicht!“* Ihre Mama stand sofort auf: *„Was möchtest du denn, mein Schätzchen?“ – „Ich will Spaghetti!“*. Tanjas Mutter ließ ihr eigenes Essen kalt werden und kochte für ihr „Schätzchen“ Spaghetti. Als die Spaghetti auf Tanjas Teller lagen, jammerte Tanja: *„Da ist ja keine Butter drauf! Ohne Butter mag ich die nicht!“ – „Kein Problem, Schätzchen, du bekommst Butter.“* Tanjas Mama stand wieder auf, nahm den Teller und setzte einige Butterflöckchen auf die Spaghetti. Nun aß Tanja, und zwar ganz genau eine einzige Spaghetti. Dann sagte sie: *„Du hast ja viel zu viel Butter da drauf gemacht. So schmecken die Spaghetti ekelhaft. Ich will was anderes!“*

Was meinen Sie, hat Tanjas Mama wohl noch etwas anderes „auf Kommando“ gekocht? Hat sie nicht. Sie hat Süßigkeiten aus dem Schrank geholt – damit ihr „Schätzchen“ überhaupt etwas isst.
Tanjas Mutter kocht ziemlich oft „auf Kommando“. Wenn Tanja das Angebot nicht passt, mault sie und bekommt etwas anderes. Was kommt dabei heraus? Stress! Tanja lernt, dass es am Tisch nicht nur um das Essen, sondern auch um die Macht geht. Sie bestimmt, was gekocht wird. Sie mault, sie fordert und be-

kommt „Extrawürste" und Süßigkeiten – und benimmt sich einfach unmöglich. Ihre Mama macht das Spiel mit. Wenn sie das Spiel einmal nicht mitmachen will, spielt Tanja ihren stärksten Trumpf aus: *„Dann esse ich eben gar nichts!"* Das zieht immer. Spätestens jetzt gibt Tanjas Mutter auf: *„Wenn sie es doch nicht mag! Sie muss doch irgendetwas essen!"*

Auch für die siebenjährige **Janine** und ihre Mama ist die Ess-Zeit fast immer Stress-Zeit. Auch Janines Mama kocht auf Kommando. Sie kocht allerdings nicht mehrere Speisen auf Verlangen hintereinander, sondern sie geht etwas anders vor. Morgens, bevor Janine in die Schule geht, fragt ihre Mama: *„Was soll ich heute zum Mittagessen machen?"* Janine darf es frei aussuchen, oder ihre Mutter schlägt verschiedene Speisen vor, und Janine wählt eine aus. Wenn Janine aus der Schule kommt, steht ihr Wunschessen dampfend auf dem Tisch. Aber trotzdem gibt es regelmäßig Stress. Janine mag meist nur wenig essen. Oft sagt sie: *„Ich mag das doch nicht."* Janines Mutter kocht dann zwar nichts anderes mehr, aber sie ist jedesmal sehr wütend: *„Was soll denn das? Ich habe dich doch extra gefragt! Du wolltest doch Kartoffelbrei! Wie kannst du jetzt behaupten, dass du keinen Kartoffelbrei magst?"* Janine muss aufessen, vorher darf sie nicht aufstehen.

Janines Mutter fragt ihre Tochter jeden Tag: *„Was möchtest du?"* Sie setzt sie damit unter Druck. Janine kann nicht mehr frei entscheiden, ob sie von dem Angebot etwas essen möchte. Ein Kind, das „auf Kommando" Essen bestellt, hat nicht mehr die Freiheit, es abzulehnen. Wenn es das trotzdem tut, fühlt sich die Mutter verständlicherweise belogen und betrogen und beleidigt. Genau das machte Janines Mutter jeden Tag aufs Neue wütend. Sie sollte weniger fragen und in den meisten Fällen selbst entscheiden, was auf den Tisch kommt. Bei ihrer Entscheidung sollte Janines Mutter sich auch davon leiten lassen, was ihr selbst am besten schmeckt. Wenn Janine diese Speise dann ablehnt, braucht ihre Mama nicht beleidigt zu sein. Sie kann ihr eigenes Essen genießen und sagen: *„Da habe ich ja Glück! Mir schmeckt es heute dafür besonders gut. Da kann ich ja richtig zulangen!"*

Es gibt noch eine dritte Möglichkeit für Eltern, zu wenig zu tun und dem Kind zu überlassen, was auf den Tisch kommt. Erinnern Sie sich an den kleinen Jungen, der pro Tag acht große Becher Fruchtjoghurt, aber nichts anderes gegessen hat? Seine Eltern „kochen“ zwar nicht verschiedene Speisen auf Kommando, aber sie stellen ihm genau das hin, was er „bestellt“: Fruchtjoghurt! Als einziges Nahrungsmittel ist Fruchtjoghurt zu fett und zu süß – deshalb wiegt der Kleine auch so viel. Es wäre besser, wenn die Eltern entscheiden würden, was auf den Tisch kommt.
Einige Kinder entwickeln sehr merkwürdige und wenig altersgerechte Vorlieben, wenn die Eltern zu wenig tun und sich von dem magischen Satz *„Dann esse ich eben gar nichts“* unter Druck setzen lassen – und immer das auf den Tisch stellen, was ihr Kind „bestellt“.

Der dreijährige **Philipp** geht schon in den Kindergarten, aber er ernährt sich noch vorwiegend aus der Flasche: Morgens und abends trinkt er jeweils einen halben Liter dicken Haferflockenbrei. Zusätzlich isst er nur bestimmte Knäckebrotsorten. Das Mittagessen im Kindergarten verweigert er fast vollständig.

Felix, zwei Jahre alt, ernährt sich seit sechs Monaten ausschließlich von flüssigem Getreidebrei aus der Flasche. Das sind acht bis neun Flaschen am Tag. Seine Abendmahlzeit dauert manchmal drei Stunden, da er abends bis zu vier Flaschen hintereinander trinkt.

Felix und Philipp sind trotz ihrer merkwürdigen Angewohnheiten gesund und haben immer gleichmäßig und gut zugenommen. Ihr inneres Regelsystem funktioniert, und das Nahrungsangebot enthält – wie es der Ernährungs-Pyramide entspricht – zum Glück viel Getreide. Trotzdem sind die Mahlzeiten für alle Beteiligten eine große Belastung. Die Eltern müssten mehr tun. Es sollte nicht nur auf den Tisch kommen, was die Kinder verlangen. Die Eltern entscheiden über das Angebot! Die Eltern entscheiden auch, in welchem Alter sie Ernährung durch die Flasche nicht mehr für angemessen halten!

Essen ohne Grenzen: Wenn das Kind bestimmt, wann und wie gegessen wird

Wenn Essen ohne Regeln und Rituale stattfindet, wird der Esstisch immer zum Stresstisch. Was kommt dabei heraus, wenn die Kinder bestimmen dürfen, wann und wie gegessen wird?
Wenn Kinder entscheiden dürfen, wann gegessen wird, kann das unangenehme Folgen haben: Manche laufen *immer* mit einer Flasche Tee oder Saft im Mund herum. Viele bekommen nachts noch etwas zu trinken und zu essen, obwohl sie schon älter als sechs Monate sind und es eigentlich nicht mehr brauchen. Manche haben immer etwas zu essen in der Hand und laufen damit herum. Einige haben zu den Mahlzeiten nie Hunger, weil sie sich erfolgreich durch den Tag betteln und dabei nicht selten jede Menge Süßes verputzen. Manche Mütter schleppen zu jedem noch so kurzen Spielplatzbesuch eine große Tasche voller Plastikschüsseln mit Essbarem mit. Das Kind könnte ja jederzeit Hunger bekommen!
Würden die Eltern drei feste Mahlzeiten am Tisch und noch zusätzlich ein oder zwei Zwischenmahlzeiten – auch am Tisch – anbieten, könnte all das ein schnelles Ende haben. Auf jedes Quengeln nach Essen gäbe es eine klare eindeutige Anwort: *„Warte noch ein bisschen, dann gibt es Mittagessen"* (oder Frühstück oder Kuchen oder Abendessen). Je regelmäßiger die Mahlzeiten stattfinden, desto weniger Stress gibt es mit dem ständigen Hunger zwischendurch. Und desto besser lernt das Kind, die Mahlzeiten zum Essen zu nutzen, weil es zwischendurch nichts bekommt – auch nachts nicht!
Was kann passieren, wenn die Kinder und nicht die Eltern bestimmen, wie gegessen wird? Stress auf der ganzen Linie! Viele Kinder bleiben überhaupt nicht auf ihrem Platz sitzen. Viele Kinder schnappen sich irgendetwas und verspeisen es vor dem Fernseher. Oder sie essen zwischen ihren Spielsachen und lassen die Reste liegen. Einige mäkeln und schimpfen: *„Iiii bääh, das ist ja ekelhaft!"*. Es wird geschrien und gestritten. Es wird mit dem Essen gematscht. Es wird kommandiert: *„Los, Mama, hol mir das Salz!" oder „Du sollst mir was anderes machen!"*

Eltern müssen Grenzen setzen, nicht nur beim Essen. Aber die Mahlzeiten sind ein besonders beliebter Schauplatz für Machtkämpfe zwischen Eltern und Kind. Wie Sie solche Machtkämpfe vermeiden und Verhaltensregeln durchsetzen können, wird in unserem Elternratgeber *„Jedes Kind kann Regeln lernen"* (14) genauer beschrieben.

Manchmal ist es kaum zu unterscheiden, ob Eltern bei den Mahlzeiten zu viel oder zu wenig tun.

- Sie tun zu viel, wenn sie ihr Kind unter Druck setzen, damit es isst. Dazu gehören auch Tricks wie „ablenken" mit Spielsachen oder Fernsehen.
- Eltern tun zu wenig, wenn sie nachgeben und dem Kind die Regeln überlassen. Das kann auf dasselbe Ergebnis hinauslaufen: Das Kind isst ebenfalls nur mit Spielsachen oder nur beim Fernsehen.

Stress ist in beiden Fällen unvermeidlich.

Eine wichtige Rolle spielt natürlich auch Ihr Vorbild. Wenn Ihr Kind sein „gesundes" Müsli frühstücken soll, während Sie mit einer Zigarette und einer Tasse Kaffee daneben sitzen, sind Sie nicht besonders glaubwürdig. Ich habe mehrmals Mütter erlebt, die sich wegen der geringen Nahrungsmenge ihres Kindes große Sorgen machten, aber selten oder nie mit ihm zusammen aßen. Warum nicht? Hier einige Antworten: *„Ich bin auch kein großer Esser." – „Eine Mahlzeit am Tag ist für mich genug." – „Ich nehme schon zu, wenn ich Essen nur sehe."*

Kürzlich erzählte mir ein Ehepaar mit erfrischendem Galgenhumor, was zu Hause regelmäßig beim Abendessen mit den beiden Söhnen – drei und fünf Jahre alt – abläuft.

> Gegen 18 Uhr kommt der Vater hungrig nach Hause. Seine Frau wärmt ihm seine Portion vom Mittagessen auf – und zwar sofort. Denn in hungrigem Zustand hat er ziemlich schlechte Laune. Er sitzt dann mit seinem Teller in der Küche und möchte gern in Ruhe essen, aber es klappt nicht. **Timo** und **Sebastian** haben auch Hunger. Einer links, einer rechts, „hängen" sie neben

seinem Teller, betteln und naschen. Papas Geschimpfe hält sie nicht davon ab. Während er isst, beeilt sich Mama, die Butterbrote für die beiden Jungen vorzubereiten.
Papa hat inzwischen seine Mahlzeit beendet. Er macht es sich im Wohnzimmer vor dem Fernseher bequem. Jetzt sitzen die beiden Jungen am Küchentisch. Mama läuft hin und her und „bedient" sie „auf Kommando". Deshalb kann sie sich nicht dazu setzen. Timo und Sebastian quengeln, denn sie wollen zum Papa, auch fernsehen. Nach kurzer Zeit laufen sie dorthin, mit dem Rest Butterbrot in der Hand.
Mama schimpft. Sie schimpft weiter, während sie die Küche aufräumt. Sie ist sauer, dass ihr Mann ihr nicht hilft. (Im Beratungsgespräch wandte er sich allen Ernstes an mich mit den Worten: *„Ich soll ihr beim Aufräumen helfen? Treiben Sie ihr das aus!"*) Dann bringt sie die Kinder ins Bett. Anschließend macht sie das Abendessen für sich – und verspeist es vor dem Fernseher!

Was würden Sie dieser Familie raten?

Wir fanden folgende Lösung: Essen vor dem Fernseher gibt es nicht mehr. Alle essen gemeinsam am Tisch. Der hungrige Vater muss sich etwas gedulden, bis alles fertig ist. Wenn es ihm zu lange dauert, kann er ja bei der Vorbereitung helfen. Die Mutter kocht mittags etwas mehr, damit auch für die Kinder etwas übrig bleibt und sie nicht mehr von Papas Teller naschen müssen. Zusätzlich wird Brot, Butter, Käse und Wurst auf den Tisch gestellt. Es wird nichts mehr „auf Kommando" fertig gemacht, sondern jeder nimmt sich, was er möchte. Wenn das Abendessen friedlich verlaufen ist, dürfen Timo und Sebastian noch eine halbe Stunde fernsehen. Wenn sie zu sehr gequengelt oder gestritten haben, fällt das Fernsehen aus.
Und wer räumt den Abendbrottisch ab? Das Problem müssen die Eltern untereinander lösen. Mein Rat dazu: Timo und Sebastian können durchaus schon dabei mithelfen. Mit einem „großen" Vorbild klappt das natürlich besonders gut.

Kapitel 3: Das Wichtigste in Kürze

- Eltern tun zu viel, wenn sie bestimmen wollen, wie viel ihr Kind isst. Sie üben Druck aus. Aber es funktioniert nicht. Druck verursacht Stress und geht nach hinten los.
- „Du darfst nicht essen, weil du zu dick bist“, bedeutet Druck. Dem Kind wird Essen vorenthalten. Dadurch fühlt es sich schlecht behandelt und denkt um so mehr ans Essen.
- „Du musst mehr essen“ bedeutet ebenfalls Druck. Mit Zwang, Belohnungen oder Tricks wird dem Kind Essen eingeflößt. Dadurch isst das Kind aber nicht mehr. Oft wehrt es sich erst recht gegen das Essen.
- Eltern tun zu wenig, wenn sie ihr Kind bestimmen lassen, was auf den Tisch kommt und wann und wie gegessen wird. Ungünstige Ernährungs-Gewohnheiten und schlechtes Benehmen beim Essen sind die Folge.

4

In jedem Alter richtig essen – was, wann und wie?

In diesem Kapitel erfahren Sie …

- das Wichtigste über Stillen und Fläschchen während der ersten sechs Lebensmonate
- wie Ihr Kind zwischen sechs und zwölf Monaten den Übergang von der Brust oder dem Fläschchen zur Familien-Mahlzeit am Tisch schafft
- welches Nahrungs-Angebot und welche Regeln Ihrem Kleinkind bis zum Kindergarten-Alter gut tun
- welche Ess-Regeln für Ihr Schulkind wichtig sind

Sie kennen unsere „Spielregel" allmählich in- und auswendig:

- **Ihr Kind** bestimmt, **ob** und **wie viel** es essen möchte.
- **Sie, die Eltern,** bestimmen, **was wann wie** auf den Tisch kommt.

Auch in diesem Kapitel geht es um die **Spielregel**, und zwar besonders um den zweiten Teil:

- Was können wir Eltern tun?
- Was bieten wir unserem Kind zu essen an?
- Wann bieten wir es an?
- Wie verhalten wir uns?
- Welche Regeln soll unser Kind lernen?

Die Antworten auf diese Fragen hängen auch vom Alter des Kindes ab.

Die ersten sechs Monate: Saugen ist alles

Was bekommt Ihr Baby zu essen?

Muttermilch

Was ist das beste Angebot für einen Säugling? Die Antwort ist eindeutig: Während der ersten 5 – 6 Lebensmonate ist Muttermilch ohne jeden Zweifel das Beste für Ihr Kind. Wenn Sie Ihr Baby in dieser Zeit voll stillen, ist Ihr Nahrungsangebot optimal. Ihr Baby bekommt alles, was es braucht. Sie brauchen *nichts* hinzuzufügen. In Deutschland gibt es erstaunlicherweise überhaupt keine genauen Zahlen darüber, wie viele Mütter eigentlich stillen – und wie lange. Es ist bekannt, dass ihr Anteil in den letzten 20 Jahren stetig angestiegen ist. Aber nur wenige Mütter tun das, was für ihr Baby wirklich am allerbesten ist: 5 – 6 Monate voll stillen und nichts zufüttern. Die Vorteile des Stillens sind vielen bekannt, können aber nicht oft genug wiederholt werden:

- Die Muttermilch ist während der ersten Lebensmonate immer perfekt auf die Bedürfnisse Ihres Babys abgestimmt. Sofort nach der Geburt, während der ersten Lebenstage, liefert die Muttermilch Abwehrstoffe und unterstützt das Verdauungs-System. Wenn das Baby älter wird, verändert sich die Zusammensetzung der Muttermilch genau so, wie es für Ihr Baby optimal ist.
- Babys können Muttermilch besser verdauen als Fertignahrung. Durchfall-Erkrankungen sind weniger häufig und verlaufen weniger schwer.
- Voll gestillte Kinder erkranken seltener an Infektionen wie Mittelohrentzündung oder Bronchitis. Plötzlicher Kindstod tritt seltener ein.
- Voll gestillte Kinder bekommen seltener Allergien. Auch bei Familienanfälligkeit für Asthma und für Hautprobleme ist Stillen besonders wichtig. Dann gilt: Je länger, desto besser.

Aber bitte ziehen Sie daraus keine falschen Umkehrschlüsse: Keine Mutter ist „schuld" an der chronischen Erkrankung ihres Kindes, wenn sie nicht stillen konnte oder wollte. Chronische Erkrankungen haben immer zusätzlich viele andere Ursachen. Auch gestillte Kinder können Durchfall oder Husten oder Bronchitis oder Asthma oder Allergien bekommen. Es passiert nur seltener, und die Krankheiten haben einen günstigeren Verlauf.

Auch die Mütter profitieren vom Stillen:

- Wenn das Baby an der Brust saugt, wird Oxytocin ausgeschüttet. Dadurch kommt der Milchfluss in Gang. Gleichzeitig zieht sich aber auch die Gebärmutter zusammen. Sie kann sich schneller zurückbilden und erreicht schneller ihre ursprüngliche Größe.
- Die Mutter erreicht schneller wieder ihr ursprüngliches Körpergewicht.
- Bestimmte Arten von Brustkrebs und Hüftbrüche kommen im späteren Leben bei Müttern, die gestillt haben, seltener vor.
- Wer stillt, spart Geld.

Die große Mehrzahl der Frauen kann stillen, und die meisten wollen es auch. Wenn es klappt, ist es wunderbar. Wenn das Stillen nicht klappt, weil die Mutter zu wenig Unterstützung hat oder krank ist oder sich seelisch oder körperlich nicht dazu in der Lage fühlt oder sehr schnell wieder anfangen möchte (oder anfangen muss) zu arbeiten, ist das bedauerlich. Es ist aber keine Katastrophe. Stillen hat viele handfeste Vorteile, aber es ist keine „heilige Kuh". Auch mit Fertignahrung können die Babys gut gedeihen, und es kann eine absolut innige Mutter-Kind-Beziehung entstehen. Lassen Sie sich von niemandem ein schlechtes Gewissen einreden, wenn das Stillen bei Ihnen nicht klappt.

Säuglings-Anfangsnahrung aus dem Fläschchen

Und wie füttern Sie Ihr Baby, wenn Sie nicht stillen können oder dürfen oder wollen? Die Antwort ist einfach: Verwenden Sie „Säuglings-Anfangsnahrung". Sie wird auf der Grundlage von Kuhmilch hergestellt. Kaufen Sie fertige Produkte. Fertignahrung für Babys ist so gut wie möglich der Muttermilch angepasst. Ihre Zusammensetzung ist gesetzlich festgelegt. In Deutschland wird als Anfangsnahrung fast ausschließlich Milchpulver angeboten. Es wird nur Wasser in der angegebenen Menge dazu gegeben. Dafür eignet sich abgekochtes Leitungswasser oder Mineralwasser mit der Aufschrift „Geeignet für die Zubereitung von Säuglingsnahrung".

- Wir raten dringend davon ab, Säuglingsnahrung aus Kuhmilch und weiteren Zutaten selbst herzustellen. Es ist in den ersten Lebensmonaten nicht sicher genug.

Trotz der verwirrenden Anzahl von Markennamen gibt es nur zwei Arten von Fertigmilch für Babys: *Anfangsnahrung und Folgenahrung.* Anfangsnahrung können Sie Ihrem Baby vom ersten Lebenstag an geben. Während der ersten 4 – 6 Monate braucht Ihr Baby nichts anderes. Anfangsnahrung gibt es mit oder ohne Stärke. Sie haben die Wahl: Ohne Stärke ist sie dünnflüssig wie Muttermilch. Mit Stärke ist sie etwas dickflüssiger. Wenn Ihr Baby selbst entscheiden

darf, wie viel es davon trinken möchte, können Sie es nicht überfüttern. Mischen Sie aber nicht zusätzlich Haferflocken oder Zucker in das Fläschchen.
Folgenahrung ist frühestens ab dem fünften Lebensmonat für Ihr Baby geeignet. Mit Muttermilch hat Folgenahrung nur noch wenig gemeinsam. Sie belastet den Stoffwechsel stärker, ist aber immer noch besser verträglich als reine Kuhmilch.
Welche Möglichkeiten gibt es noch? Wenn in der Familie Allergien vorkommen und die Mutter – was in diesem Fall besonders schade ist – trotzdem nicht stillen kann, wird sogenannte „hypoallergene Nahrung“ empfohlen. Das Kuhmilch-Eiweiß ist bei dieser Nahrung etwas anders zusammengesetzt: Es ist in kleinere Bruchstücke aufgespalten, so dass das Risiko einer Allergie gegen Kuhmilch-Eiweiß verringert wird. Der endgültige Nachweis der Wirksamkeit steht allerdings noch aus.
Wenn Ihr Kind die normale Fertignahrung nicht verträgt, liegt unter Umständen eine Kuhmilch-Eiweiß-Allergie vor. Ihr Kinderarzt kann diese Diagnose stellen. In diesem Fall hilft auch „hypoallergene Nahrung“ nicht. Ihr Baby braucht dann eine – leider sehr kostspielige – Spezialnahrung, bei der das Kuhmilch-Eiweiß in kleinste Bestandteile zerlegt (Fachbegriff: „hydrolysiert“) ist. Soja-Milch ist weniger gut geeignet, da viele betroffene Säuglinge auch auf Soja-Eiweiß allergisch reagieren.
Was braucht Ihr Baby noch zusätzlich, wenn es Säuglings-Anfangsnahrung aus dem Fläschchen bekommt? *Nichts*. Keinen Tee, keine Fruchtsäfte, keinen Möhrensaft.

- Ein einziger Zusatz wird in Deutschland empfohlen: Vitamin D-Tabletten, mit Fluorid kombiniert. Vitamin D macht die Knochen hart, Fluorid schützt die Zähne. Dieser Zusatz ist für gestillte Kinder genau so wichtig.

Wann und wie füttern Sie Ihr Baby?

Wenn Sie stillen

Haben Sie sich für das Stillen entschieden? Fast alle Frauen können stillen. Sie brauchen aber, besonders beim ersten Kind, Unterstützung und Hilfe. In jeder Geburtsklinik gibt es hoffentlich mittlerweile eine Stillberaterin. Nach der Entlassung aus dem Krankenhaus steht jeder Mutter die Betreuung durch eine niedergelassene Hebamme zu. Sie kann praktische Tipps geben, bei Stillproblemen helfen und gleichzeitig beobachten, ob das Baby gut gedeiht. Die eigene Mutter um Rat zu fragen ist meist nicht so eine gute Idee. Die Großmütter von heute haben oft gar nicht oder nur kurz gestillt und sind eher dagegen eingestellt.

Wir können das Thema „Stillen“ hier nicht in aller Ausführlichkeit behandeln. Deshalb beschränken wir uns auf die wichtigsten Punkte:

- Das Stillen sollte so bald wie möglich nach der Geburt – am besten innerhalb einer Stunde – beginnen. Mutter und Kind sollten möglichst immer zusammen bleiben.
- Auch wenn erst später mit dem Stillen begonnen werden kann – zum Beispiel nach einem Kaiserschnitt – kommt der Milchfluss noch in Gang.
- Angebot und Nachfrage regeln sich wunderbarerweise von selbst. Manchmal dauert es aber einige Wochen, bis sich alles perfekt eingespielt hat.

Was tun, wenn beim Stillen Probleme auftreten?

Welches Problem?	**Was tun?**
Fließt die Milch nicht so gut?	Lassen Sie Ihr Baby öfter an der Brust saugen. Das regt den Milchfluss an. Es hilft sogar,

	sich das saugende Baby nur vorzustellen. Auch Wärme, Massage, Entspannung können helfen.
Ist Ihre Brust sehr hart und voll? Haben Sie einen „Milchstau“?	Drücken Sie zwischendurch etwas Milch aus, und legen Sie Ihr Baby öfter an. Warme Umschläge helfen auch.
Haben Sie eine Brust-Entzündung? Sie macht sich bemerkbar durch Fieber und Grippegefühl.	Wenn die üblichen Maßnahmen wie Anlegen und warme Umschläge nicht helfen, wenden Sie sich an Ihren Arzt. Eine Brust-Entzündung kann mit Medikamenten behandelt werden. Fast immer kann weiter gestillt werden.
Sind Ihre Brustwarzen wund?	Achten Sie darauf, dass Ihr Baby die Brustwarze immer ganz in den Mund nimmt. Lassen Sie sie an der Luft trocknen. Wenn sie einmal verheilt sind, passiert es wahrscheinlich nie mehr.

Vorurteile und Tatsachen

Das Stillen klappt besonders gut, wenn die junge Mutter sich sicher fühlt und gut informiert ist. Sehr wahrscheinlich wird sie sich mit Vorurteilen und Unwissenheit ihrer Mitmenschen auseinandersetzen müssen. Einige Vorurteile über das Stillen haben sich trotz aller Aufklärung hartnäckig gehalten. Wir haben sie in der folgenden Tabelle den Tatsachen gegenüber gestellt.

Vorurteil	**Tatsache**
Wer stillt, kann nicht schwanger werden.	Es stimmt bei manchen Frauen, man kann sich aber nicht darauf verlassen.
Kleine Brüste geben weniger Milch als große.	Die Größe der Brust hat nichts mit der Menge der Milch zu tun.
Stillen macht die Brust unansehnlich.	Alter und Gewicht der Mutter haben mehr Einfluss auf die Form der Brust als das Stillen. Meist kommt die „alte“ Form zurück.
Sexuelle Erregung beim Stillen ist unnormal.	Ist es nicht! Beim Stillen wird Oxytocin ausgeschüttet – beim Orgasmus auch.
Mit drei Monaten wird ein Baby von Muttermilch allein nicht mehr satt.	Stimmt nicht! Während der ersten fünf bis sechs Monate ist Muttermilch die optimale Nahrung für Ihr Baby. Zufüttern ist unnötig.
Alle Babys sollten vor dem ersten Geburtstag abgestillt werden.	Nein! Das Abstillen ist eine sehr persönliche Entscheidung. Sie hängt allein von Mutter und Baby ab.

Wenn Ihr Baby Fläschchen bekommt

Auch wenn Ihr Baby teilweise oder ausschließlich Fertignahrung aus dem Fläschchen bekommt, sollten einige Punkte beachtet werden:

- Wählen Sie eine geeignete „Anfangsnahrung“ aus. Fragen Sie zur Sicherheit Ihren Kinderarzt.
- Bringen Sie die Babynahrung auf Zimmertemperatur. Erhitzen Sie das Fläschchen möglichst *nicht* in der Mikrowelle. Die Milch ist viel heißer als die Flasche.
- Wählen Sie einen geeigneten Sauger aus. Probieren Sie aus, mit welchem Ihr Baby am besten klarkommt.
- Das Saugloch darf nicht zu groß sein.
- Lassen Sie Ihr Baby niemals mit dem Fläschchen allein.
- Lassen Sie Ihr Baby nicht stundenlang und nicht schlafend am Fläschchen nuckeln – Kariesgefahr! Verwenden sie lieber einen Schnuller.
- Bereiten Sie jede Mahlzeit frisch zu. Werfen Sie die nicht ausgetrunkenen Reste weg.
- Fertignahrung hat einen Vorteil: Auch Väter können mit dem Fläschchen füttern. Nutzen Sie diese Chance!

Mamis Job – Babys Job

Egal, ob Ihr Baby Muttermilch oder Fertignahrung aus dem Fläschchen bekommt –unsere Spielregel gilt vom ersten Lebenstag an: Die Eltern suchen aus, was es zu essen gibt. Sie entscheiden, wann und wie sie es anbieten. Das Baby entscheidet, ob und wie viel es essen möchte. Die folgende Tabelle zeigt, wie diese „Arbeitsteilung“ zwischen Mutter und Kind in den ersten Lebenswochen aussehen sollte.

„Mamis Job“	„Babys Job“
Sie bieten Ihrem Kind Muttermilch oder geeignete Anfangsnahrung aus dem Fläschchen an. In den ersten vier bis sechs Lebensmonaten ist zusätzliche Flüssigkeit wie Wasser, Tee oder Saft überflüssig. Vom Zufüttern mit dem Löffel ist ebenfalls abzuraten. Bis zum Ende des 4. Lebensmonats befördern Babys jede Art fester Nahrung reflexartig mit der Zunge aus dem Mund.	Saugen, saugen und nochmals saugen. Der Saugreflex ist angeboren.
Sie berühren mit dem Sauger oder mit der Brustwarze seine Wange.	Ihr Baby sucht und findet den Sauger oder die Brustwarze.
Sie erkennen, wann Ihr Baby Hunger hat. Sobald es Hunger hat, füttern Sie es – ohne festen Zeitplan. Bei einem Neugeborenen ist das innerhalb von 24 Stunden acht- bis zwölfmal der Fall. Einen Unterschied zwischen Tag und Nacht gibt es anfangs nicht.	Ihr Baby zeigt Ihnen, wenn es Hunger hat: Es wirkt besonders wach, bewegt sich, dreht suchend sein Köpfchen und macht saugende Bewegungen mit dem Mund. Zuletzt fängt es an zu schreien.

Wenn Ihr Baby sich nicht von selbst meldet, bieten Sie ihm vier Stunden nach der letzten Mahlzeit wieder etwas an.	
Sie erkennen, ob Ihr Baby einen kräftigen Zug hat und nach kurzer Zeit fertig ist oder ob es langsam und gemütlich mit kleinen Pausen trinken möchte.	Ihr Baby bestimmt das Tempo.
Sie erkennen, wann Ihr Baby satt ist. Im Zweifelsfall bieten Sie ihm nach einer kleinen Pause noch einmal etwas an.	Ihr Baby bestimmt die Menge. Wenn es satt ist, lässt es den Sauger oder die Brustwarze los und dreht das Köpfchen weg.
Sie halten Ihr Baby ruhig und vermeiden unnötiges Schaukeln und ständiges Hochnehmen zum Bäuerchen.	
Sie schauen Ihr Baby an, lächeln und reden mit ihm – aber nicht übertrieben, sondern sanft und ruhig.	

Haben Sie bemerkt, dass „Mamis Job" oft nur darin besteht, die Signale ihres Babys richtig zu deuten? Vielleicht haben Sie Bedenken, ob Sie das von Anfang an können. Zum Teil werden Sie es lernen – durch Versuch und Irrtum. Aber das meiste brauchen Sie nicht zu lernen. Sie können es einfach. So wie Ihr Baby einen angeborenen Saugreflex hat, haben Sie einen angeborenen „Mutterinstinkt", eine innere Stimme, auf die Sie sich verlassen können. Es gibt ein ganzes Buch darüber mit dem schönen Titel *„Warum Babys und ihre Eltern alles richtig machen“* (15). Auch Sie können sich das zutrauen. Die liebevolle Beziehung zu Ihrem Baby ist die beste Grundlage, dass Ihr Baby sich von Ihnen verstanden fühlt. Die Mahlzeiten sind eine wunderbare Gelegenheit, gegenseitiges Verständnis und Vertrauen zu erfahren und zu genießen.

Ich werde nie die Szene vergessen, die mir bei meinem ersten Kind besonders gut in Erinnerung geblieben ist: **Christoph,** der winzige Säugling, der wirklich unruhig war und viel geweint hat, liegt in meinem Arm und entspannt sich ganz langsam beim Trinken. Er saugt, schmatzt und stöhnt vor Vergnügen. Die Augen sind anfangs halb geschlossen, aber dann schaut er mich zum ersten Mal unverwandt an. Sein Blick trifft direkt in mein Herz, und ich könnte heulen vor Glück.

Mögliche Probleme während der ersten Lebensmonate

So gut Ihre Beziehung zu Ihrem Baby auch sein mag und so gut Sie auf seine Signale eingehen und seine Bedürfnisse erkennen können – zu einigen Problemen mit dem Füttern kann es trotzdem kommen.

Welches Problem?	Was tun?
Ihr Baby spuckt: Ein Teil der Milch fließt aus dem Magen zurück in die Speiseröhre.	Beobachten Sie Ihr Baby: Wenn es täglich mindestens sechs nasse Windeln hat und gut zunimmt, ist Spucken harmlos. Halten Sie Ihr Baby nach jeder Mahlzeit ein paar Minuten lang hoch.

Ihr Baby erbricht: Ein großer Teil des Mageninhalts wird schwallartig erbrochen.	Fragen Sie Ihren Kinderarzt. Es könnte ein Zeichen für einen Magenpförtner-Krampf sein.
Der Stuhl ist sehr weich.	Wenn Sie stillen, kann der Stuhl durchaus flüssig sein. Erst wenn andere Symptome dazu kommen, fragen Sie Ihren Kinderarzt. Wenn Ihr Baby wirklich Durchfall hat, kann es leicht austrocknen.
Der Stuhl ist sehr hart.	Einige gestillte Babys haben nur alle paar Tage Stuhlgang. Kein Grund zur Sorge. Den Kinderarzt brauchen Sie nur zu fragen, wenn der Stuhl sehr hart ist und Ihrem Baby weh tut.
Ihr Baby hat „Koliken“: Es schreit, verkrampft sich, scheint „Bauchschmerzen“ zu haben. Es lässt sich kaum beruhigen. Mit drei bis vier Monaten verschwindet das Problem meist von selbst.	Niemand kennt die genaue Ursache. Bei gestillten Kindern hilft es in seltenen Fällen, wenn die Mutter ihre Ernährung umstellt und zum Beispiel auf Kuhmilch verzichtet. Sanftes Beruhigen bringt eher Erfolg: Reden Sie mit Ihrem Baby, streicheln Sie es, wiegen Sie es auf Ihrem Arm. „Heftige“ Beruhigungs-Versuche bringen noch mehr Unruhe und helfen Ihrem Baby nicht.

Trinken und schlafen

Eine Ausnahme von der Regel *„Füttern Sie Ihr Baby, sobald es Hunger hat"* ist erlaubt. Einmal am Tag dürfen Sie Ihr Baby füttern, wenn **Sie** es möchten, und Sie dürfen Ihr Baby auch ausnahmsweise dazu wecken. Schon während der ersten Lebenswochen können Sie diesen Tipp beherzigen:

- Führen Sie eine feste späte Abendmahlzeit ein. Füttern Sie Ihr Baby *immer, bevor* Sie selbst ins Bett gehen. Wecken Sie Ihr Baby, wenn es nötig ist – und wenn seit seiner letzten Mahlzeit schon einige Zeit vergangen ist.

Was soll diese von der Mutter festgelegte Mahlzeit? Ganz einfach: Sie soll helfen, dass Mutter und Kind möglichst mehrere Stunden *gleichzeitig* schlafen können. In den ersten Lebenswochen bedeutet das nächtliche Weinen Ihres Babys fast immer „Hunger". Wenn es satt ist, bevor Sie selbst schlafen gehen, haben Sie mit größerer Wahrscheinlichkeit für die nächsten Stunden Ruhe. Wenn Sie Glück haben, müssen Sie nur noch einmal aufstehen, um Ihr Baby zu füttern. Bedenken Sie: Eine ausgeruhte Mutter kann auf ihr Baby besser und liebevoller reagieren als eine völlig erschöpfte.
Eine Einschränkung muss allerdings gemacht werden: Die feste späte Abendmahlzeit lässt sich nicht bei allen Kindern durchsetzen. Manche sind einfach zu schläfrig. Sie können es ausprobieren, aber nicht erzwingen.

Ein weiterer hilfreicher Tipp:

- **Trennen Sie das Trinken vom Schlafen**

Wenn Sie Ihr neugeborenes Baby nach Bedarf füttern, wird es sicherlich ab und zu an der Brust oder beim Fläschchen-Trinken einschlafen. Es ist schön zu beobachten, wie ein Baby beim Trinken auf dem Arm sanft einschlummert. Die Sache hat aber einen Haken: Viele Babys gewöhnen sich an das Gefühl, an der Brust oder mit dem Fläschchen einzuschlafen. Saugen und Trinken wird für sie nach einiger Zeit zur Einschlaf-Gewohnheit. Irgendwann können sie *nur noch* an der Brust oder mit dem Fläschchen einschlafen. Einige werden wach, sobald die Brustwarze oder der Sauger vorsichtig aus ihrem Mund gezogen wird. Sofort fangen sie an zu weinen und wollen weiter saugen. Mit Hunger hat das dann bei einigen Babys nichts mehr zu tun: Für sie gehört das Saugen einfach untrennbar zum Schlafen. Ohne Saugen fühlt sich das Schlafen „falsch“ an.

Deshalb tun Sie gut daran, Ihr Baby schon in den ersten Lebenswochen ab und zu wach in sein Bettchen zu legen, damit es lernen kann, ohne Ihre Hilfe einzuschlafen. Wenn Ihr Baby zwischen drei und sechs Monaten alt ist, sollten Sie Trinken und Schlafen möglichst ganz voneinander getrennt haben. Wenn Ihr Baby dann tagsüber und abends allein ohne Trinken – und am besten ganz ohne Ihre Hilfe – einschlafen kann, wirkt sich das sehr positiv auf Ihre Nachtruhe aus. Wussten Sie, dass jedes Kind mehrmals pro Nacht wach wird? Das ist ganz normal. Ein Baby, das tagsüber und abends allein einschlafen kann, schafft das auch nachts. Es meldet sich nur, wenn es wirklich Hunger hat oder wenn irgendetwas nicht in Ordnung ist.

Aber was macht ein Baby, für das Trinken und Schlafen zusammengehören? Es wird nachts wach und weint – bis es an der Brust oder mit Fläschchen wieder einschläft. Ist es Hunger oder ist es Gewohnheit? Das hängt vom Alter des Kindes ab. In den ersten Wochen kann ein Baby noch mehrmals pro Nacht Hunger haben. Mit drei Monaten kann es aber schon mehrere Stunden am Stück ohne Trinken auskommen. Mit sechs Monaten braucht Ihr Kind nachts gar nichts mehr zu trinken. Sollte Ihr Kind dann immer noch oder sogar immer öfter nachts wach werden und nach der Brust oder dem Fläschchen verlangen, können Sie ziemlich sicher sein: Ihr Baby hat eine ungünstige Einschlaf-Gewohnheit gelernt. Wenn Sie Trinken und Schlafen voneinander trennen, wird sich alles zum Guten wenden.

Wie Sie ungünstige Einschlaf-Gewohnheiten verändern oder von vornherein vermeiden können, wird in unserem Elternratgeber *„Jedes Kind kann schlafen lernen“* (1) genauer beschrieben.

6–12 Monate: Der Übergang zum Familientisch

Wann ist Zeit zum Zufüttern?

Noch in den 60er Jahren war es üblich, so früh wie möglich mit dem Zufüttern zu beginnen. Als ich meinen sechs Wochen alten Sohn Christoph stolz den Nachbarn vorstellte, wunderte sich eine ältere Nachbarin: *„Wie, der bekommt nur die Brust? Wollen Sie ihm nicht mal was Richtiges geben? Meine Tochter hat schon mit drei Wochen die guten Butterplätzchen vom Bäcker gegessen."*
Butterplätzchen für Babys waren wohl auch früher eher die Ausnahme als die Regel. Aber die Mütter überboten sich gegenseitig, ihren erst wenige Wochen alten Babys Möhren oder Spinat oder Brei mit dem Löffel einzuflößen. „Einflößen" ist wirklich der richtige Ausdruck. Der Löffel musste fast bis zum Anfang der Speiseröhre eingeführt werden, denn während der ersten drei bis vier Monate haben Babys noch einen „Ausspuckreflex": Die Zunge wirft alles, was nicht flüssig ist, sofort wieder aus dem Mund hinaus. Es leuchtet wohl jedem ein, dass das Füttern mit dem Löffel zu einem noch früheren Zeitpunkt völlig abwegig ist.
Heute sind sich die Kinderärzte einig: Mit dem Zufüttern sollte auf keinen Fall vor Beginn des fünften Monats begonnen werden. Manche Babys sind aber auch erst im siebten Monat „reif für den Löffel". Im Zweifelsfall ist es besser, noch ein wenig zu warten, statt Ihr Baby zu überfordern.

Woran merken Sie, dass Ihr Baby „reif für den Löffel" ist?

- Es kann – mit Unterstützung – aufrecht sitzen.
- Es kann dem Löffel gezielt mit den Augen folgen.
- Es kann gezielt Gegenstände anschauen und greifen – und zum Mund führen.
- Es interessiert sich für das Essen der anderen Familienmitglieder.

An dieser Aufzählung merken Sie: Es geht nicht nur darum, ob Magen oder Darm nun auch andere Speisen vertragen. Und es geht auch nicht darum, dem Baby zusätzlich irgendetwas Nahrhaftes einzuflößen. Ihr Baby muss so weit sein, dass es *selbst aktiv* mitmachen kann. Es muss so weit sein, dass es Spaß am Essen haben kann. Seine angeborene Neugier, seine Lust am Erforschen neuer Möglichkeiten zeigt es Ihnen jeden Tag. Es will seinen Lebensraum erweitern. Es will Gegenstände mit den Händen und mit dem Mund entdecken, es will sich fortbewegen, es will *lernen*. Es will alles allein machen, was es allein kann. Es will stolz auf seine Fortschritte und auf seine wachsende Eigenständigkeit sein.

Und bei alldem braucht es Sie: Ihre Liebe, Ihre Unterstützung, Ihr Vertrauen. Das gilt *immer*, und bei den Mahlzeiten in besonderem Maße. Ihr Kind lernt nicht nur das Essen vom Löffel – gleichzeitig macht es einen ganz wichtigen Sprung in der Entwicklung seiner kleinen Persönlichkeit. Das Mit-Essen am Familientisch ist ein großes soziales Ereignis. Daraus ergibt sich zwangsläufig:

- Es ist keine gute Idee, einfach das Saugloch zu vergrößern und Brei ins Fläschchen zu geben. Verzichten Sie ganz auf diese Methode des Zufütterns. Nur beim Essen mit der Hand oder mit dem Löffel lernt Ihr Kind gleichzeitig neue Ess-Techniken und neue soziale Fertigkeiten.

Kennen Sie den Satz: *„Hilf mir, es selbst zu tun“?* Genau das ist Ihre Aufgabe beim Übergang vom Saugen an der Brust oder der Flasche zum Mit-Essen am Familientisch. Sie erkennen, was Ihr Baby schon kann, und machen ihm Mut, einen Schritt nach dem anderen dazuzulernen. Ihr Baby bestimmt das Tempo. Sie begleiten und unterstützen es – und freuen sich mit ihm über jeden neuen Schritt.

Was füttern Sie zu – in welcher Reihenfolge?

Was ist die beste erste „Beikost“ zur Muttermilch oder zur Säuglings-Fertigmilch für ein Baby? Eine eindeutige Antwort darauf gibt es nicht. Überall auf der Welt wird anders zugefüttert. Die deutschen Kinderärzte empfehlen etwas anderes als die amerikanischen Kinderärzte. Wir stellen Ihnen beides vor.
Die **deutschen Kinderärzte** empfehlen, dem fünf bis sechs Monate alten Baby als erstes einmal am Tag einen Gemüse-Kartoffel-Fleisch-Fettbrei anzubieten (16). Er soll 2 Teile Gemüse, 1 Teil Kartoffeln, 10 g Fett und 20 g mageres, gekochtes und püriertes Fleisch (1x pro Woche statt Fleisch Eigelb) enthalten. Die Begründung lautet: Diese Beikost enthält Eisen. Fertige Gläschen enthalten immer noch zusätzlich Eisenzusätze. Eisen ist das, was Babys ab sechs Monaten als Ergänzung zur Muttermilch am dringendsten brauchen. Bei dem Gemüse-Kartoffel-Fleisch-Fettbrei wird das Eisen vom Baby besonders gut verwertet.
Einen Monat später soll zusätzlich ein Vollmilch-Getreidebrei – mit Eisen angereichert – angeboten werden. Wieder einen Monat später soll eine dritte Breimahlzeit eingeführt werden: Ein Vollkorn-Obstbrei ohne Milch.
Zwischen dem zehnten und zwölften Monat soll dann Brot angeboten und mit dem selbständigen Essen und Trinken „vom Tisch“ begonnen werden.
Sicherlich machen Sie nichts falsch, wenn Sie diesen Empfehlungen folgen. Aber schauen Sie einmal, ob die Empfehlungen der amerikanischen Kinderärzte für Sie vielleicht leichter in die Tat umzusetzen sind.

Die **amerikanischen Kinderärzte** empfehlen ein wesentlich behutsameres Vorgehen (3):

- Fangen Sie nicht sofort mit fester, sondern mit halb-flüssiger Nahrung an. Drücken Sie etwas Muttermilch aus oder benutzen Sie die gewohnte Säuglings-Anfangsnahrung – und fügen Sie ein wenig Baby-Fertigbrei hinzu. Achten Sie unbedingt darauf, dass dieser Fertigbrei *mit Eisen angereichert* ist. Ein Teelöffel Brei auf vier bis fünf Teelöffel Muttermilch oder Säuglings-Fertigmilch reichen aus. Später können Sie den Brei auch dickflüssiger machen. Es geht anfangs gar nicht darum, eine ganze Brust- oder Flaschenmahlzeit zu ersetzen. Ihr Baby soll sich zuerst nur an den Löffel und an einen neuen Geschmack und an die erste neue Speise gewöhnen. Allmählich kann sich die Menge auf drei bis vier Esslöffel Brei steigern.

- Fertig-Reisbrei mit Eisenzusatz ist der beste erste Brei: Er enthält kein Gluten und wird von fast allen Babys gut vertragen. Nach dem Reisbrei können Sie nach und nach verschiedene Sorten von Fertig-Getreidebrei verwenden.
- **Führen Sie immer nur eine neue Speise zu einer Zeit ein. Fügen Sie nur alle zwei bis drei Tage etwas Neues hinzu.**
- Geben Sie zu dem Getreide- oder Reisbrei nach und nach verschiedene Obst- und Gemüsesorten hinzu.
- Zwischen sieben und zehn Monaten können Sie Ihrem Baby nach und nach Zerdrücktes oder Püriertes vom Familientisch „auf die Hand" oder mit dem Löffel geben. Auch Brot, Nudeln, Reis, Eigelb, Fisch, Fleisch und Geflügel und pasteurisierte Milch können Sie nun nach und nach anbieten.

Darüber hinaus geben die amerikanischen Kinderärzte noch einige weitere Empfehlungen:

- Weizen, Eiklar, Zitrusfrüchte und -säfte und Kuhmilch sind die Lebensmittel, die am häufigsten nicht vertragen werden und unter Umständen eine allergische Reaktion hervorrufen können. Daher sollten sie zuletzt angeboten werden. Empfindliche oder erblich vorbelastete Kinder sollten diese Speisen besser erst im zweiten Lebensjahr bekommen.
- Wenn Ihr Baby eine neue Speise nicht gut verträgt, streichen Sie sie für ein bis drei Monate aus dem Speiseplan, und bieten Sie sie erst dann noch einmal an. Klappt es wieder nicht, warten Sie diesmal mindestens sechs Monate, bevor Sie es zum dritten Mal versuchen.
- Wenn Ihr Baby Kuhmilch verträgt, geben Sie ihm mindestens bis zum Ende des zweiten Lebensjahres pasteurisierte Vollmilch, keine fettarme Milch. Ihr Kind braucht das Fett aus der Milch.
- Babys sollten vor dem ersten Geburtstag keinen Honig bekommen. Honig enthält einen Stoff, der bei einem Säugling eine lebensbedrohliche Erkrankung hervorrufen kann.
- Wasser ist das beste zusätzliche Getränk zum Durstlöschen.

- Seien Sie zurückhaltend mit Fruchtsaft. Verdünnen Sie ihn 1:1 mit Wasser, und bieten Sie nicht mehr als eine halbe Tasse pro Tag davon an. Zu viel Saft führt zu Ablehnung von anderen Speisen und wird nicht gut vertragen. (Anmerkung der Autoren: Extra Baby-Säfte sind sehr teuer und vollkommen überflüssig.)

Vielleicht sind Sie noch unsicher, ob Sie Ihrem Baby besser fertige Gläschen oder selbst Zubereitetes anbieten sollen. Unsere Antwort: Babybrei als erste Beikost sollte Eisen enthalten. Baby-Fertigbrei ist mit Eisen-Zusatz erhältlich. Deshalb ist er besser geeignet als selbst hergestellter Brei.
Obst oder Gemüse oder ganze Babymahlzeiten aus dem Gläschen können Sie auch bedenkenlos verwenden, wenn Sie es praktisch finden. Notwendig ist es nicht. Wenn Sie ohnehin jeden Tag kochen, wählen Sie aus Ihrem normalen Angebot eine Speise nach der anderen aus, und lassen Sie Ihr Baby teilhaben. Salz und Gewürze geben Sie besser erst dazu, wenn Sie etwas für Ihr Baby abgezweigt haben. Fertiggerichte aus der Tiefkühltruhe oder aus der Dose sind für Ihr Baby nicht geeignet, weil sie zu stark gewürzt und gesalzen sind.
Besondere Rezepte für Babys gibt es in Hülle und Fülle. Kochbücher für Babys füllen ganze Bücherregale in den Buchläden. Aber eigentlich sind sie überflüssig. Deshalb finden Sie in diesem Buch kein einziges Rezept. Ihr Baby kann alles essen, wenn Sie es behutsam daran gewöhnen. Es muss nur weich genug oder gut genug zerkleinert sein.
Ellyn Satter, eine bekannte Ernährungs-Expertin aus den USA, hat die wichtigsten Empfehlungen in ihrem Buch *„How to get your kid to eat but not too much“* (2) zusammengefasst. Uns gefällt daran besonders gut, dass sie bei jedem Schritt und für jedes Alter zusätzlich die Frage stellt: *„Was kann das Kind?“*

Was kann das Kind?	Welche Speisen sollten Sie zusätzlich anbieten?
0–6 Monate Es sucht die Brustwarze oder den Sauger, es saugt.	Nichts (als Ersatz für Muttermilch Säuglings-Anfangs-Nahrung aus dem Fläschchen)
5–7 Monate Es beginnt zu sitzen. Es folgt dem Löffel mit den Augen. Es öffnet den Mund für den Löffel. Seine Lippen schließen sich über dem Löffel. Es beginnt, Essen herunterzuschlucken.	Zubereitet mit Muttermilch oder der gewohnten Säuglingsnahrung: Baby-Fertigbrei mit Eisenzusatz – zuerst Reisbrei, nach und nach auch Breie aus anderen Getreidesorten
6–8 Monate Es kann die Zunge im Mund seitlich bewegen. Es beginnt zu kauen. Es kann die Hände gezielt zum Mund führen.	Gemüse und Früchte: püriert oder zerdrückt, zuerst unter den gewohnten Brei mischen.
7–10 Monate Es kann gut beißen und kauen. Es kann Essen im Mund von einer Seite auf die andere bewegen. Es kann die Lippen richtig über einer Tasse formen. Es beherrscht den „Palmgriff“: Die Finger schließen sich über dem Handballen.	Brot und Getreideprodukte, auch auf die Hand. Stückchen von Obst und Gemüse, Fruchtsaft und Milch aus der Tasse

8–12 Monate Es interessiert sich für feste Nahrung vom Familientisch. Es macht Fortschritte beim Trinken aus der Tasse. Es beherrscht den „Pinzettengriff“: Daumen und Zeigefinger arbeiten zusammen.	Weiche und gekochte Speisen vom Familientisch, auch fein geschnittenes, gehacktes oder püriertes Fleisch

Wenn Ihr Kind lernt, aus der Tasse zu trinken, braucht es weniger Brust- oder Flaschenmahlzeiten. Für den Übergang gibt es „Lerntassen“ mit Deckel und einem Aufsatz, der das Trinken anfangs erleichtert. Gestillte Babys können das Trinken aus der Tasse ganz ohne den Umweg über die Flasche lernen.

Ich selbst bin bei meiner jüngsten Tochter **Andrea** ganz ohne Flasche ausgekommen. Während ich noch mehrmals am Tag stillte, durfte sie mit Wasser aus der Lerntasse experimentieren. Anfangs ging fast alles daneben, aber mit neun Monaten konnte sie gut aus einer normalen Tasse trinken. Das Abstillen klappte dadurch ganz von selbst. Als letzte Stillmahlzeit behielten wir das „Frühstück im Bett“ bei, weil wir es beide gemütlich fanden.

Aus meiner Erfahrung kann ich nur allen stillenden Müttern empfehlen, die Flasche ganz zu überspringen. Auch das „Frühstück“ als letzte regelmäßige Stillmahlzeit empfehle ich aus gutem Grund: Das Abstillen klappt dann besonders gut. Viel schwieriger ist die Umstellung für ein Baby, das die Brust abends zum Einschlafen „braucht“. Darauf wird es nur unter Protest verzichten.

Wie unterstützen Sie Ihr Baby beim Übergang zum Familientisch?

Wenn Sie Ihr Kind füttern, versorgen Sie es mit lebenswichtigen Nährstoffen – zum Beispiel mit Kohlenhydraten, Fett, Eisen, Vitaminen. Das ist aber nicht alles. Wie Sie füttern, ist mindestens ebenso wichtig. Durch die Art und Weise, wie Sie Ihr Baby füttern, können Sie ihm zeigen:

- *„Ich liebe dich"*
- *„Ich merke, wie ich dir helfen kann"*
- *„Ich vertraue dir"*
- *„Ich respektiere dich"*

Wenn diese Botschaft bei Ihrem Baby ankommt, kann fast nichts mehr schief gehen. Für den Übergang vom Saugen an Brust oder Fläschchen zum Mitessen am Familientisch bedeutet das: Sie lassen Ihr Kind führen. Ihr Baby ist der Chef. Sie unterstützen es, helfen ihm und sorgen für eine gute Atmosphäre.

Wie können Sie das in die Praxis umsetzen?

- Sie bieten altersgerechtes Essen an – wie oben beschrieben.
- Sie legen sinnvolle regelmäßige Essens-Zeiten fest. Es bietet sich an, sie auf die Schlaf-Zeiten Ihres Kindes abzustimmen. Wann immer es möglich ist, lassen Sie Ihr Baby an den Familien-Mahlzeiten teilnehmen. Nachts braucht Ihr Kind jetzt nichts mehr zu essen oder zu trinken.
- Sie reden ruhig und ermutigend mit ihm – aber nicht zu viel.
- Sie nehmen Ihr Kind anfangs auf den Schoß. In aufrechter Haltung kann es sich nicht so leicht verschlucken. Wenn es dort sicher sitzen kann, darf Ihr Kind in den Hochstuhl „umziehen".
- Sie erlauben Ihrem Kind, das Essen zu erforschen: Es darf den Löffel anfassen – Sie können ihm auch einen zweiten eigenen Löffel in die Hand geben. Es darf das Essen mit den Fingern erkunden.

- Sie lassen Ihr Baby das Tempo bestimmen. Es sollte den Löffel wahrgenommen haben, bevor Sie es füttern.
- Sie lassen Ihr Kind bestimmen, wie viel es essen möchte. „Mund auf" bedeutet: *„Mehr"*. „Mund zu und Kopf wegdrehen" bedeutet: *„Ich habe genug"*.
- Sie bieten Ihrem Kind kleine Portionen an. Wenn es mehr möchte, bekommt es mehr. Wir verzichten hier ganz bewusst auf Mengenangaben. Denn Sie wissen bereits: Ihr Baby kann seinen Energiebedarf ganz perfekt ganz allein regeln. Die Kalorienmenge ist unerheblich.
- Sie warten ab, bis Ihr Baby „reif für den Löffel" ist. Bei manchen Babys ist das kein Problem. Sie brennen geradezu darauf und sperren ihren Mund auf wie hungrige Vögelchen. Andere lehnen den Löffel erst einmal ab. Ablehnung kann auch Überraschung bedeuten. Schließlich ist es für Ihr Baby sensationell neu, etwas Fremdes auf der Zunge zu spüren. Es muss erst einmal herauskriegen, dass man das auch essen kann. Also: mit Geduld immer wieder anbieten.
- Wenn Ihr Baby sehr empfindlich reagiert und auch mit sechs Monaten noch spuckt und würgt, wenn es etwas „Fremdes" im Mund spürt, ist ein besonders behutsames Eingewöhnen angebracht: Bestreichen Sie die Finger Ihres Babys oder ein Lieblingsspielzeug oder einen weichen Löffel mit ganz wenig Brei, damit es den Geschmack selbst erforschen und kennenlernen kann. Manche Babys reagieren mit Würgen auf unverhoffte Stücke in einer weichen Masse. Sie kommen besser zurecht, wenn das Essen zu einem gleichartigen Brei püriert oder zerdrückt ist.
- Sie lassen Ihr Baby mit den Fingern essen, wann immer es das möchte. Allein essen finden die meisten Babys wunderbar. Geeignet sind nicht nur Brot und weiche Obst- und Gemüsestücke. Geeignet ist alles. Es muss nur gut genug zusammenhängen, damit es den Weg vom Teller zum Mund übersteht. Jede Mischung mit Kartoffeln, Reis oder Nudeln lässt sich zusammen mit Gemüse und Fleisch und etwas Flüssigkeit zu einer geeigneten „Pampe" verarbeiten.
- Sie nehmen in Kauf, dass Ihr Baby sein Essen auf diese Weise von einem Ohr bis zum anderen verteilt – und eher wenig im Mund landet. Sie nehmen

in Kauf, dass Sie den Essplatz vielleicht mit einer Plastikunterlage – und Ihr Baby mit einem besonders geeigneten Lätzchen – vor der unvermeidbaren „Schweinerei" schützen müssen. (Die oben erwähnte „Pampe" zeichnet sich dadurch aus, dass sich die angetrockneten Reste auf dem Babyhochstuhl anscheinend in Zement verwandeln). Aber es lohnt sich: Ihr Baby wird seine Mahlzeit auf diese Weise genießen – und es wird recht schnell Fortschritte bei seiner Ess-Technik machen.

- Fast immer wird empfohlen, den Löffel vor dem Stillen oder vor dem gewohnten Fläschchen anzubieten. Begründung – frei nach dem Slogan „Der Hunger treibt's hinein": Das Baby ist dann richtig hungrig und wird ihn eher akzeptieren. Vielleicht geht es gut, aber vielleicht geht es auch nach hinten los. Stellen Sie sich vor: Ihr richtig hungriges Baby erwartet die Brust und bekommt dann zum ersten Mal einen merkwürdigen harten Gegenstand – den Löffel – in den Mund geschoben. Könnten Sie es ihm verübeln, wenn es frustriert und wütend losbrüllt, bis es doch wieder die Brust bekommt? Wenn Neugier und Forschergeist Ihr Baby zum Probieren vom Löffel oder aus der Hand bewegen, macht ihm das Essen sicherlich mehr Spaß. Es kann gut sein, dass die ersten Versuche besser klappen, wenn Ihr Baby nicht mehr ganz so hungrig ist. Unser Rat: Die allerersten Versuche mit dem Löffel machen Sie besser nach dem Stillen oder dem Fläschchen. Nach einiger Zeit können Sie die Reihenfolge dann ändern.
- Ein letzter Hinweis: Auch wenn Ihr Baby Ihnen ganz außergewöhnlich „rund" vorkommt: Übergewicht gibt es in diesem Alter nicht. Die Figur Ihres Babys hat mit seiner späteren Erwachsenen-Figur noch nichts zu tun.

1–6 Jahre: „Ich bin kein Baby mehr!“

Was kommt wann auf den Tisch?

Sie haben es geschafft: Ihr Kind ist ein vollwertiges Mitglied am Familientisch geworden. Es sitzt auf seinem Hochstuhl. Es kann manche Speisen allein mit den Fingern essen. Es kann – mit Ihrer Hilfe – aus der Tasse trinken. Es kann kauen und schlucken. Es lässt sich füttern und will auch manchmal allein mit dem Löffel experimentieren. Fast alle Speisen, die Sie für die übrige Familie auf den Tisch bringen, können Sie Ihrem Kind nun auch anbieten – mit weniger Salz und weniger Gewürzen. Wenn alles weich, saftig und lauwarm ist, kann Ihr Kind nun alles essen.
Natürlich sind nicht alle Kinder im Alter von zwölf Monaten so weit. Es kann durchaus einige Monate länger dauern. Manche Kinder bekommen erst im zweiten Lebensjahr Zähne und können dann erst richtig kauen. Andere lernen erst spät, sicher im Hochstuhl zu sitzen. In jedem Fall geht die Entwicklung noch weiter: Mit einem Jahr hat Ihr Kind längst noch nicht alles probiert, was es gibt. Vielleicht bekommt es noch eine Brust- oder Flaschenmahlzeit. Vielleicht liebt es noch seinen Babybrei. Es wird noch einmal ungefähr ein Jahr dauern, bis Ihr Kind selbständig mit dem Löffel oder mit der Gabel essen kann. Erst mit etwa vier Jahren kann ein Kind mit kreisförmigen Bewegungen genau so gut kauen wie ein Erwachsener. Bis es richtig „manierlich“ mit Messer und Gabel essen kann, dauert es noch Jahre.
Aber trotzdem: Ihr Kind ist nun kein Säugling mehr. Es kann richtig essen, wenn Sie das Richtige auf den Tisch bringen. Was ist das Richtige? Diese Frage wurde in Kapitel 2 unter der Überschrift *„Was braucht Ihr Kind zum Leben? Kleine Ernährungskunde“* ausführlich beschrieben.

Was ist für das Alter vom Kleinkind bis zum Kindergarten-Kind besonders zu beachten?

Die folgenden Tipps gelten für *alle* Kinder. Es macht keinen Unterschied, ob Ihr Kind dick oder dünn oder durchschnittlich ist.

- Wenn Sie Ihr Kind noch nicht abgestillt oder von der Flasche entwöhnt haben: Tun Sie es im Laufe des zweiten Lebensjahres. Brust oder Fläschchen *nach* einer Hauptmahlzeit zu geben kann zu Problemen führen: Manche Kinder wollen dann kaum etwas essen – sie trinken sich lieber an der Brust oder am Fläschchen satt. Geben Sie Brust oder Fläschchen als eigenständige Zwischenmahlzeit, zum Beispiel morgens als erstes oder zweites Frühstück – oder nachmittags zwischen Mittagessen und Abendbrot.
- Zeit für feste Zeiten: Zwischen zwölf und 18 Monaten gewöhnen sich die meisten Kinder das zweite Tagesschläfchen ab. Sie halten nur noch einen Mittagsschlaf. Von nun an bietet sich ein fester Rhythmus für die Mahlzeiten an, der in den nächsten Jahren beibehalten werden kann: Drei Mahlzeiten am Tag zu festen Zeiten, zusätzlich zwei „Zwischenmahlzeiten". Ihr Kind kann mit dem schrecklichen Wort „Zwischenmahlzeit" allerdings nichts anfangen. Sagen Sie lieber „Naschzeit" oder „Snack", oder denken Sie sich selbst einen Namen aus. Daraus ergibt sich: Alle zwei bis drei Stunden bekommt Ihr Kind etwas zu essen angeboten. Die festen Zeiten haben einen großen Vorteil: Essen gibt es nie aus Langeweile oder zur Belohnung oder aus anderen abwegigen Gründen. Hat Ihr Kind das Mittagessen verweigert und quengelt zwei Minuten später nach einem Keks, können Sie freundlich und bestimmt sagen: *„Das Mittagessen ist vorbei. Warte bis zu unserer Naschzeit."* Damit Ihr Kind nicht zu lange „hungern" muss, können Sie in diesem Fall die „Naschzeit" durchaus etwas vorziehen.
- „Naschzeit" bedeutet nicht unbedingt Süßes. Es darf zwar ab und zu mal ein Keks oder ein Eis sein, aber alles andere eignet sich auch: zum Beispiel Obst, Joghurt, Gemüse, Cracker, Käse, Brot, Cornflakes. Dazu gibt es ein Glas Fruchtsaft – am besten mit Wasser vermischt – oder Milch. Bitte verwenden Sie bis zum zweiten Lebensjahr immer Vollmilch. Wir haben es schon erwähnt: Ihr Kleinkind braucht das Fett aus der Milch noch.

- Bieten Sie Fruchtsaft und Milch oder Kakao nicht in unbegrenzter Menge an. Zu viel davon ist sehr häufig der Grund für Nicht-Essen bei den Mahlzeiten. Ein kleines Glas Milch oder Saft pro Mahlzeit genügt. Hat Ihr Kind noch Durst, geben Sie ihm Wasser – es darf auch Leitungswasser sein. Wasser ist der beste Durstlöscher. Süße Limonaden sollten Sie in den ersten Lebensjahren möglichst gar nicht und später nur in Ausnahmefällen anbieten.
- Fragen Sie nicht: *„Was möchtest du essen?“*. Kochen Sie nicht „auf Kommando“. Suchen Sie selbst aus, was Sie auf den Tisch stellen. Von diesem Angebot kann dann Ihr Kind auswählen. Es sollte immer etwas dabei sein, was Ihr Kind kennt. Abwechslung und Vielfalt garantieren ein gutes, ausgewogenes Angebot. Beachten Sie die Ernährungs-Pyramide. Unbekannte Speisen müssen Sie vielleicht zehn-, zwanzig- oder dreißigmal auf den Tisch stellen, bevor Ihr Kind sie anrührt. Zählen Sie besser nicht mit – essen Sie lieber selbst mit Genuss.
- Stellen Sie immer – bei jeder Mahlzeit – etwas Brot auf den Tisch. Wenn Ihr Kind von Ihrem Angebot sonst wirklich nichts mag, kann es sich immer an Brot satt essen.
- Wenn Sie einen Nachtisch vorbereitet haben, bieten Sie ihn Ihrem Kind auch an – egal wie viel oder wenig (oder gar nichts) es vorher gegessen hat.
- Ihr Kind darf von Ihrem Angebot so viel essen, wie es möchte. Es ist brutal, einem Kind Essen vorzuenthalten.
- Bieten Sie Ihrem Kleinkind nur weiche, saftige Speisen an – eher lauwarm als heiß. Kinder unter vier Jahren verschlucken sich noch sehr häufig. Harte und zu große Stücke können in die Luftröhre geraten. Im schlimmsten Fall können die Kinder daran ersticken. Auch harte Bonbons, Popcorn, unzerkleinerte Würstchen-Enden oder rohe Karotten sollten Sie Ihrem Kleinkind noch nicht geben. Fleisch, rohes Gemüse und Früchte schneiden Sie am besten immer in kleine Stücke. Nüsse, besonders Erdnüsse, sind für ein Kleinkind lebensgefährlich.

Ein Beispiel aus der Kinderarzt-Praxis: Die zweijährige **Thea** wurde von ihrer Mutter in die Praxis gebracht, weil sie sich zu Hause beim Erdnüsse-Essen heftig verschluckt und einen Hustenanfall bekommen hatte. Beim Abhören machte sich die Erdnuss deutlich bemerkbar: Über der Lunge „klackte“ es wie bei einem zuschlagenden Ventil. Die Erdnuss war in die Bronchien gewandert. Thea musste sofort ins Krankenhaus, damit die Erdnuss entfernt werden konnte.

Wie geht es beim Essen zu? Vertrauen schenken und Grenzen setzen

Im zweiten Lebensjahr – um den 15. Lebensmonat herum – fängt ein sehr spannender Abschnitt in der Entwicklung Ihres Kindes an. Es entdeckt seinen eigenen Kopf. Und was noch viel interessanter ist: Es entdeckt, dass es Macht und Einfluss hat.

Ein Beispiel: Ihr Kind sitzt auf dem Hochstuhl und isst. Dabei fällt zufällig der Löffel hinunter. Sie stehen auf und geben Ihrem Kind den Löffel zurück. Was macht Ihr Kind? Es wirft den Löffel wieder hinunter. Und wieder und wieder. Warum macht ihm das wohl so viel Spaß? Es hat soeben etwas Tolles herausgefunden: *„Hey,* ***ich*** *kann hinkriegen, dass Mama immer wieder aufsteht und mir den Löffel gibt. Mama macht, was* ***ich*** *will!“*

Ihr Kind fängt an auszutesten: *„Wo fängt mein Einfluss an? Wo hört Mamas Einfluss auf?“* Das Lieblingswort Ihres Kindes wird *„Nein!“*. Mit einem gewissen Glänzen in den Augen macht es mit besonderer Vorliebe genau das, was es nicht machen soll. Auch die berühmten Trotzanfälle und Experimente mit Hauen und Beißen gehören zu diesem Entwicklungs-Schritt. Im zweiten und dritten Lebensjahr ist all das altersgerechtes Verhalten. Wie ein kleines Löwenkind, das sich mit seinen Geschwistern auf dem Boden herumwälzt, will Ihr Kind seine Kräfte mit Ihnen messen. Es bekommt ein genaues Gespür für seine eigene Überlegenheit und für Ihre Schwachstellen.
Kinder versuchen immer wieder, ihre Eltern in solche „Löwenkämpfe“ zu verwickeln. Und nicht wenige Mütter machen das Spiel mit, ohne es zu merken. Beim Essen ist die Gefahr besonders groß, denn da haben viele Mütter ihre be-

sondere Schwachstelle. Wenn ihr Kind eine Mahlzeit verweigert, tun sie so, als würde es nun zusammenfallen und verhungern. Oder sie tun so, als hätten Liebe und Respekt ihres Kindes etwas mit der Menge seines Essens zu tun. Und schon erkennt das Kind: *„Essen ist ein prima Platz für Löwenkämpfe. Essen verweigern ist ganz besonders spannend. Da bin ich stärker als Mama. Da ist sie erpressbar!“*

Wenn Sie sich auf diese Art von Kampf einlassen, kämpfen Sie auf verlorenem Posten. Kein Kind kann man mit Tricks, mit Zwang oder mit Belohnungen zum Essen bewegen – ebensowenig wie zum Schlafen. Sie können dafür sorgen, dass Ihr Kind ins Bett *geht* oder zum Tisch *kommt*. Aber *wann* und *ob* es schläft oder isst – das kann nur Ihr Kind entscheiden. Das sind Grundbedürfnisse, die Ihr Kind allein regeln kann. Ihr Kind braucht dafür nur eins: *Ihr Vertrauen.*

Grenzen setzen können und sollen Sie Ihrem Kind bei seinem *Verhalten* am Tisch – aber *nicht* bei der *Menge,* die es isst. Ob Ihr Kind etwas isst, wie viel es isst, welches Essen es von Ihrem Angebot auswählt – all das überlassen Sie Ihrem Kind. Sie sind erwachsen. Sie brauchen keine „Löwenkämpfe“ mehr. Sie haben es nicht nötig zu beweisen, dass Sie stärker sind. Trauen Sie Ihrem Kind zu, dass es selbst am besten weiß, wie viel es zum Leben braucht.

Wenn Ihr Kind den Kopf wegdreht und sagt: *„Das mag ich nicht!“* oder *„Ich will aber nichts essen!“* – dann kann Sie das jetzt nicht mehr aus der Fassung bringen. Sie nehmen das Ablehnen von Essen nicht persönlich. Zum Glück haben Sie ja nicht nur für Ihr Kind, sondern auch für sich selbst gekocht. Und Sie haben eine Antwort parat, die *immer* wirkt:

- ***„Du brauchst nichts zu essen. Setze dich zu uns und leiste uns ein bisschen Gesellschaft.“***

Ihr Kind muss zum Tisch *kommen*, aber es muss *nicht essen*. Sie bringen das Essen auf den Tisch, aber nicht in das Kind hinein. Damit verlassen Sie den Kampfplatz. Sie üben keinen Druck aus. Sie erzeugen keinen unnötigen Stress. Sie überlassen Ihrem Kind das, was es selbst perfekt kann: Essen nach seinen Bedürfnissen. Ihr Kind spürt, dass Sie ihm das zutrauen. Das tut ihm gut.

Sie erinnern sich: Ihr Kind braucht jetzt nicht mehr so viel zu essen. Es wächst viel langsamer und nimmt viel langsamer zu als in den ersten Lebensmonaten. Der Babyspeck verschwindet. Und noch etwas ändert sich: Viele Kinder, die anfangs begeistert zum Füttern ihren Mund aufgesperrt haben, werden im zweiten Lebensjahr oft ganz skeptisch. Unbekanntes wird zunächst einmal abgelehnt, vielleicht viele Male hintereinander. Woran liegt das?
Stellen Sie sich einmal ein Steinzeit-Kleinkind vor, wie es aus seiner Höhle herauskrabbelt und die Welt erkundet: Wie gut, dass es nur solche Früchte und Beeren isst, die es schon kennt. Die Angst vor Neuem ist eigentlich ein sinnvoller Selbstschutz. Übrigens kann man vielleicht auch die Vorliebe von Kindern für Süßes „biologisch" erklären: Süße Früchte sind fast nie giftig.

So können Sie Ihrem Kind beim Essen zeigen, dass Sie ihm Vertrauen schenken:

- Finden Sie sich damit ab, dass Ihr Kleinkind neue Speisen zunächst ablehnt. Es ist normal, dass manche Speisen erst nach dem 35. Angebot angenomen werden. Sie können Ihr Kind ermuntern, etwas Neues zu probieren. Aber zwingen Sie es bitte nicht. Ein Tipp, der Ihrem Kind das Probieren erleichtert: Erlauben Sie ihm, dass es die neue Speise wieder aus dem Mund holen darf, wenn sie ihm nicht schmeckt.
- Bieten Sie kleine Portionen an. Ein Nachschlag auf Verlangen fördert den Spaß am Essen mehr als ein Teller, auf dem immer etwas übrig bleibt. Manche Kinder kommen mit mikroskopisch kleinen Portionen aus – besonders, wenn sie viel Saft oder Milch trinken.
- Achten Sie nicht darauf, wie viel Ihr Kind isst. Die Menge schwankt von Kind zu Kind und von Tag zu Tag sehr stark. Achten Sie vielmehr darauf, ob Ihr Kind aktiv, fit und gesund ist.
- Sorgen Sie für eine angenehme Atmosphäre beim Essen. Leisten Sie Ihrem Kind Gesellschaft, und unterhalten Sie sich ein wenig mit ihm – ohne den Alleinunterhalter zu spielen. Essen Sie selbst mit Genuss – dann sind Sie ein gutes Vorbild.

- Lassen Sie Ihr Kind allein essen, wann immer es das möchte. Essen mit den Fingern ist im zweiten Lebensjahr noch angebracht. Aber ermuntern Sie Ihr Kind, auch allein mit dem Löffel oder mit einer stumpfen Kindergabel zu essen. Nehmen Sie in Kauf, dass immer noch eine ganze Menge daneben geht. Ärgern Sie sich nicht über ein umgeschüttetes Glas. Es werden noch viele, viele Gläser verschüttet werden, bis Ihr Kind erwachsen ist.
- Füttern Sie Ihr Kind nur, wenn es Ihre Hilfe braucht – und niemals, wenn es eigentlich nicht mehr essen möchte. Wenn Sie Ihr sattes oder unwilliges Kind füttern, üben Sie Druck aus.

Bei einem Vortrag wandte eine Mutter ein: *„Meine vierjährige Tochter isst nur Nudeln und Kartoffeln allein. Gemüse muss ich füttern, sonst würde sie keinen Happen davon essen.“* Auf diese Weise verstößt sie gegen die Spielregel. Sie übt Druck aus. Besser wäre es, jeden Tag ein wenig Gemüse neben die Nudeln oder die Kartoffeln zu geben. Eines Tages würde ihr Kind aus eigenem Antrieb die eine oder andere Sorte probieren. Wenn nicht, braucht es das Gemüse nicht. Merken Sie, wie schwierig es ist, einem kleinen Kind die richtige Auswahl wirklich zuzutrauen?

Welche Ess-Regeln sind für ein Kind zwischen Kleinkind- und Kindergarten-Alter sinnvoll?

Beim Verhalten am Tisch Grenzen zu setzen ist genau so wichtig wie beim Essen Vertrauen zu schenken. Aus Kapitel 3 wissen Sie schon, welche Fehler Sie besser vermeiden sollten. Wie Sie es richtig machen können, zeigen die folgenden Regeln.

- Rituale erleichtern das Grenzen-Setzen. Das wichtigste Ritual beim Essen: **Setzen Sie sich mit Ihrem Kind zu allen Mahlzeiten an den Tisch** – auch zu den Snacks. **Halten Sie für die drei Hauptmahlzeiten feste Zeiten ein.** Nur wenn Ihr Kind zur Ruhe kommt und sich auf sein Essen konzentrieren kann, funktioniert seine „innere Stimme“: Es isst so viel, wie es braucht. Essen beim Herumlaufen oder beim Fernsehen fördert dagegen unbedachtes

In-Sich-Hinein-Stopfen, ohne auf das Gefühl „satt oder hungrig“ zu achten.

- Es hat noch einen weiteren Vorteil, Essen immer nur am Tisch zuzulassen: Sie haben Ihr Kind im Blick. Das ist ein wichtiger Schutz, denn dann merken Sie sofort, wenn es sich verschluckt. Lassen Sie Ihr Kleinkind niemals allein essen – ein Erwachsener sollte immer dabei sein.
- Ihr Kind bleibt anfangs nur so lange am Tisch sitzen, bis es seine Mahlzeit beendet hat. Dann darf es aufstehen. Wenn es nichts essen möchte und Ihnen nur Gesellschaft leisten soll, reichen wenige Minuten am Tisch aus. Etwa ab dem 4. Lebensjahr können Sie ihm beibringen, mit Rücksicht auf die anderen mit dem Aufstehen noch etwas zu warten.
- Fernseher oder Kassettenrecorder sollten während der Mahlzeiten ausgeschaltet bleiben. Auch Bilderbücher und Spielsachen haben nichts am Esstisch zu suchen. Essen ist Essen – und ein bisschen zusammensitzen und erzählen. Mehr nicht. „Action“ beim Essen ist nicht angebracht.

Grenzen setzen bedeutet auch, auf unangebrachtes Verhalten des Kindes mit konsequentem Handeln zu reagieren. Die folgende Tabelle zeigt, auf welche Weise sich Kleinkinder und Kindergarten-Kinder besonders oft „daneben benehmen“ – und wie Eltern sinnvoll und logisch darauf reagieren können.

Unangebrachtes Verhalten des Kindes	**Reaktion der Eltern**
Ihr Kind bleibt nicht auf seinem Platz sitzen. Es klettert immer wieder aus seinem Hochstuhl heraus und läuft herum.	Sie setzen Ihr Kind zweimal zurück auf den Hochstuhl mit den Worten: *„Beim Essen bleibst du am Tisch sitzen.“* Beim dritten Mal beenden Sie seine Mahlzeit und räumen ab. Es muss bis zur nächsten Zwischenmahlzeit warten.

Unangebrachtes Verhalten des Kindes	**Reaktion der Eltern**
Ihr Kind verweigert eine Mahlzeit und verlangt zwei Minuten später heftig – vielleicht sogar mit Trotzanfall – nach einer Süßigkeit.	Bleiben Sie standhaft, und verweisen Sie auf die nächste „Naschzeit" am Tisch.
Das Essen steht auf dem Tisch. Ihr Kind fordert: *„Das mag ich nicht! Ich will was anderes!"*	Ihre Antwort: *„Du brauchst nichts zu essen. Leiste mir einfach ein bisschen Gesellschaft. Und wenn du magst – hier steht Brot."*
Ihr Kind mault: *„Iiiiii, das ist ekelhaft! Bääh, das schmeckt scheußlich..."*	Ihre Antwort: *„Du brauchst das nicht zu essen. Aber ich habe mir beim Kochen Mühe gegeben. Du kannst mir freundlich sagen, wenn du es nicht magst."*
Ihr Kind matscht nur herum, ohne zu essen.	Sie sagen *„Nein"* und räumen ab. Ihr Kind muss bis zur nächsten Zwischenmahlzeit warten.
Ihr Kind „hamstert": Es stopft sich die Backen mit Essen voll und schluckt es nicht hinunter.	Sie bleiben sachlich. Unter Umständen – spätestens vor dem Schlafengehen – holen Sie die Essensreste vorsichtig aus dem Mund.

Ihr Kind will nur den Nachtisch haben.	Es bekommt den Nachtisch – genau seine Portion. Danach muss es bis zur nächsten Mahlzeit warten.
Ihr Kind benimmt sich heftig daneben: Es hört nicht auf zu maulen, es schreit, es wirft mit Essen.	Sie beenden die Mahlzeit und verhängen eine „Auszeit“.

Sie merken: Die häufigste Konsequenz ist, die Mahlzeit zu beenden. Das gilt auch – und gerade – für „dünne“ Kinder und für „schlechte Esser“. Sie schaffen dieses konsequente Verhalten nur, wenn Sie Ihrem Kind gleichzeitig Vertrauen schenken können: *„Ich vertraue darauf: Du nimmst dir, was du brauchst.“*

Ein besonders häufiges Problem ist die oft eigenwillige, eingeschränkte Nahrungs-Auswahl der Kinder: *„Nur Kartoffeln mit Soße“, „nur Nutellabrote“, „nur Ketchup mit irgendwas drunter“* – um nur einige Beispiele zu nennen. Auch für diese Kinder gelten alle Regeln und Tipps. Glauben Sie uns: Ihr Kind bekommt keine Mangelerscheinungen, wenn genug auf dem Tisch steht. Sie sehen, ob Ihr Kind gesund ist – und dann isst es auch gesund. Wenn Sie aber „auf Kommando“ immer nur Kartoffeln oder Nutellabrote oder Ketchup mit irgendwas drunter auf den Tisch stellen, unterstützen Sie die einseitige Auswahl noch. Besser ist Abwechslung und immer etwas Brot auf dem Tisch, damit Ihr Kind irgendetwas essen kann.

Viele Mütter sind unglücklich darüber, wenn ihr Kind nur wenige Speisen mag. Sie sitzen mit sorgenvoller Miene am Tisch, versuchen ihr Kind zu überzeugen, reden immer wieder von „gesunder“ Ernährung. Sie meinen es gut. Aber die Botschaft, die beim Kind ankommt, lautet: *„Du kannst das nicht allein regeln. Du weißt nicht, was du brauchst. Mit deinem Körper stimmt etwas nicht.“*

Für das Selbstvertrauen des Kindes ist das nicht gerade günstig. Eine völlig normale Reaktion des Kindes wäre der Gedanke: *„Wenn sie schon dauernd meckert, werde ich ihr wenigstens zeigen, dass ich stärker bin."*

Sie machen Ihrem Kind ein wunderbares Geschenk, wenn Sie sich ein Herz fassen, Ihre sorgenvolle Miene ablegen und zu Ihrem Kind sagen:

- *„Ich habe immer so viel an deinem Essen herumgemeckert. Das war nicht richtig von mir. Ich sehe ja: Du bist gesund und fit. Damit hast du mir bewiesen, dass du ganz allein weißt, was du brauchst. Ich verspreche dir: In Zukunft lasse ich dich damit in Ruhe. Es tut mir nur so Leid für dich, dass du so viel verpasst. Es gibt so viele Köstlichkeiten, die du noch nie probiert hast. Ich würde mich für dich freuen, wenn du eines Tages doch noch auf den Geschmack kommst."*

Die Botschaft kommt auch an, wenn Ihr Kind noch klein ist und nicht alles versteht. Ihre *Einstellung* macht den Unterschied. Ihr Vertrauen spürt Ihr Kind auch ohne Worte.

Das Schulkind: Die Weichen sind gestellt

Ihr Kind geht zur Schule. Es braucht keinen Hochstuhl mehr. Es fühlt sich „groß“. Essen kann es jetzt wirklich alles, sogar mit Messer und Gabel. Wenn Ihr Kind sich bisher nach seiner eigenen „inneren Stimme“ ernähren durfte und Sie eine reichhaltige Auswahl auf den Tisch gestellt und sinnvolle Regeln durchgesetzt haben, können Sie sich jetzt entspannt zurücklehnen. Mehr konnten Sie nicht tun. Ihr Kind ist nun gut gewappnet gegen alle möglichen Einflüsse und Versuchungen von außen. Seine Chancen stehen gut, dass es auch in Zukunft seinem Körper vertraut und sich seinen Bedürfnissen und seinen Anlagen entsprechend ernährt – auch wenn Sie es nicht mehr so gut kontrollieren können.

Und wenn Sie mit Ihrem Kind noch mitten in der Stress-Phase sind? Alles, was im vorigen Abschnitt über Kindergarten-Kinder gesagt wurde, gilt auch für Schulkinder. Einiges kommt hinzu: Der Einfluss von außen wird größer. Ihr Kind will essen und trinken, was es von anderen oder aus dem Werbefernsehen kennt. Es kann sich von seinem Taschengeld selbst Süßigkeiten oder Kartoffelchips oder Cola kaufen.

Auf welche Ess-Regeln kommt es nun an?

- Behalten Sie die gemeinsamen Mahlzeiten am Tisch unbedingt bei. Bieten Sie kein Essen auf die Hand an – und vor allem nicht vor dem Fernseher.
- Lassen Sie Ihr Kind mithelfen beim Kochen und beim Zubereiten von „Snacks“. Der Obstsalat schmeckt ihm doppelt so gut, wenn es die Zutaten selbst klein schneiden durfte.
- Gehen Sie bei den „Snacks“ auch auf die Wünsche Ihres Kindes ein. Kaufen Sie gezielt dafür ein. Legen Sie *keinen* Vorrat an Süßigkeiten oder fetthaltigen Snacks wie Kartoffelchips an. Freier Zugang zu diesen Speisen ist für die meisten Kinder – und für viele Erwachsene – eine zu große Versuchung.

- Ihr Kind wird sich von seinem Taschengeld auch ab und zu Süßigkeiten kaufen. Wenn Sie es verbieten, wird Ihr Kind es heimlich tun. Wenn Ihr Kind Vertrauen zu Ihnen hat und Sie um Erlaubnis fragt, antworten Sie einfach: *„Es ist dein Geld. Ich würde mich freuen, wenn du zum Essen wieder Hunger hast.“*
- Wenn Ihr Kind nichts essen möchte, soll es kommen, sich mit an den Tisch setzen und Ihnen und dem Rest der Familie Gesellschaft leisten. Eine Viertelstunde ist für ein Schulkind zumutbar.
- Sie sorgen für eine angenehme Atmosphäre beim Essen. Das bedeutet vor allem: „Meckern“ über die Menge oder Auswahl seines Essens – aber auch über die Schule – ist für Sie tabu.
- Besonders wenn Sie nur *ein* Kind haben, gilt: Kochen Sie nicht nur für Ihr Kind, sondern auch für sich selbst.
- Süße Getränke wie Cola oder Limo können Sie Ihrem Kind nicht mehr völlig vorenthalten. Sie können sie aber auf bestimmte Gelegenheiten beschränken, zum Beispiel auf Restaurantbesuche, Ferien und Feiern.
- Manche Kinder sind auch im Schulalter noch sehr „pingelige“ Esser. Sie haben einen besonders empfindlichen Geschmack und sind äußerst wählerisch. Das ist zwar kein Grund, „auf Kommando“ zu kochen. Aber eine gewisse Toleranz ist schon angebracht. Erlauben Sie ihm, aus Ihrem Angebot etwas „herauszupicken“ – und nehmen Sie es in Schutz, wenn es woanders essen muss. Dafür können Sie von ihm höfliche Ablehnung von Speisen statt taktloses Mäkeln verlangen.
- Verhängen Sie eine Auszeit, wenn Ihr Kind sich am Tisch total daneben benimmt.

Erst ab dem Schulalter zeigt sich bei einer wachsenden Anzahl von Kindern das häufigste Ernährungsproblem unserer Gesellschaft: Übergewicht. Alles, was Sie bisher in diesem Buch gelesen haben, hilft zur Vorbeugung gegen Übergewicht. Trotzdem widmen wir diesem Thema im folgenden Kapitel einen eigenen Abschnitt.

Kapitel 4: Das Wichtigste in Kürze

- In den ersten sechs Lebensmonaten braucht Ihr Baby nur Muttermilch – sonst nichts. Wenn Sie nicht stillen, bekommt es Säuglings-Anfangsnahrung aus dem Fläschchen – sonst nichts. Die Liebe zu Ihrem Kind hilft Ihnen, seine Signale richtig zu deuten und es nach seinen Bedürfnissen zu füttern.
- Frühestens im 6. Lebensmonat beginnen Sie ganz allmählich mit dem Zufüttern. Nach und nach führen Sie eine neue Speise nach der anderen ein. Ihr Baby bestimmt das Tempo – entsprechend seinen Fähigkeiten.
- Ungefähr mit einem Jahr sitzt Ihr Kind mit am Tisch und kann an den Familienmahlzeiten teilnehmen. Nehmen Sie von nun an alle Mahlzeiten zusammen am Tisch ein, auch die Zwischenmahlzeiten. Setzen Sie Ihrem Kind Grenzen bei seinem Verhalten am Tisch, aber nicht bei der Menge, die es isst. Schenken Sie ihm Ihr Vertrauen. Dann regelt es sein Essen genau nach seinem Bedarf.
- Bei Ihrem Schulkind sind die Weichen für richtiges Essen schon gestellt. Es ist aber nicht zu spät, unsere Spielregel an Ihrem Tisch jetzt noch einzuführen.

5

Besondere Probleme

In diesem Kapitel erfahren Sie, ...

- wie wichtig unsere Spielregel zur Vorbeugung gegen Übergewicht ist – und was Sie tun können, wenn Ihr Kind dicker ist als die meisten anderen
- wie wichtig unsere Spielregel zur Vorbeugung gegen schwere Ess-Störungen ist
- was Sie über Allergien und andere unerwünschte Reaktionen auf Nahrungsmittel wissen sollten
- was Ihnen weiterhilft, wenn das Essen bei Ihrem Kind wegen einer Erkrankung mit Durchfall und Erbrechen nicht „drin" bleibt

Wenn zu viel hängen bleibt: Übergewicht

Alle Fachleute sind sich einig: Immer mehr Menschen in unserem Land, auch immer mehr Schulkinder, leiden unter Übergewicht. Sie leiden unter der psychischen Belastung und – auf lange Sicht – auch unter den gesundheitlichen Folgen. Zwar sind vererbte Anlagen die wichtigste Ursache für Übergewicht (80 % der Gewichts-Unterschiede zwischen gleichaltrigen Kindern sind darauf zurückzuführen). Aber auch die heutigen Lebensgewohnheiten spielen eine Rolle. Anders wäre auch nicht zu erklären, weshalb immer mehr Kinder immer dicker werden. Es gibt offensichtlich Gewohnheiten, die Übergewicht begünstigen. Dazu gehören

- fettreiche Nahrung
- wenig Bewegung
- uneingeschränkter Zugang zu Nahrung (auch zu Süßigkeiten und Snacks) außerhalb der Mahlzeiten

Das Essen vor dem Fernseher ist besonders verhängnisvoll: Die Kinder bewegen sich nicht. Und meist ist dieses Essen besonders fett oder süß oder beides. Bei älteren Kindern ist der Zusammenhang zwischen langen Fernsehzeiten und Übergewicht noch stärker als bei jüngeren.
Wenn man versucht, Übergewicht zu behandeln, ist die Erfolgsquote bei Kindern – übrigens auch bei Erwachsenen – leider sehr niedrig. Viel wichtiger ist daher die Vorbeugung. Die Einhaltung unserer Spielregel – kombiniert mit viel Bewegung – ist die bestmögliche Vorbeugung: Damit bieten Sie Ihrem Kind optimale Voraussetzungen. Es kann sein, dass Ihr Kind trotzdem dicker wird als die meisten seiner Altersgenossen. Aber es hat dann genau die Figur, die seinen Anlagen entspricht. Zeigen Sie ihm, dass es sich damit wohlfühlen kann. Mehr können Sie nicht tun.
Leider sind dicke Kinder oft einem enormen Druck ausgesetzt. Sie werden von anderen Kindern gehänselt und von Erwachsenen gegängelt.

Wie können Sie Ihrem dicken Kind helfen?

- Eine Diät wäre ein totaler Verstoß gegen unsere Spielregel. Denn Sie würden Ihrem Kind vorschreiben, wie viel es essen darf. Tun Sie das niemals! **Niemand darf jemanden zum Hungern zwingen** – auch Sie dürfen es nicht mit Ihrem Kind tun. Ihr Kind fühlt sich gedemütigt und verletzt. Und außerdem wirkt es nicht: Ihr Kind wird an nichts anderes als an Essen denken und jede Gelegenheit zum „Überfressen" nutzen.
- **Für dicke Kinder gelten dieselben Regeln wie für dünne!** Behandeln Sie niemals Ihr dickes Kind anders, nur weil es dick ist. Die Ernährungs-Pyramide gilt für dicke und dünne Kinder. Viele Kohlenhydrate und wenig Fett – diese Aufteilung ist für dicke und dünne Kinder richtig. Für dicke und dünne Kinder sind Familienmahlzeiten am Tisch gut. Weder dicke noch dünne Kinder sollten freien Zugang zu Süßigkeiten haben. Dicke und dünne Kinder sollten ihren Durst besser mit Wasser statt mit süßen Getränken löschen. Dicken und dünnen Kindern tut viel Bewegung gut. Dicke und dünne Kinder müssen sich ab und zu überfressen dürfen. Wenn Sie Ihr dickes Kind beim Essen nur wegen seines Gewichts anders behandeln als die anderen, fühlt es sich zu Recht ausgeschlossen – und alles wird schlimmer.
- **Helfen Sie Ihrem dicken Kind, mit seiner Figur zurechtzukommen.** Auch ein dickes Kind kann mit vorteilhafter Kleidung nett aussehen. Trotzdem: Hänseleien werden ihm wohl nicht erspart bleiben. Nehmen Sie seinen Kummer ernst. Trauen Sie ihm zu, dass es damit fertig werden kann.
- **Tun Sie niemals so, als könne Ihr Kind einfach dünn werden, wenn es sich nur genug anstrengt!** Das klappt nicht. Es verstärkt nur Ihre Enttäuschung und setzt Sie selbst und Ihr Kind unter Druck. Wenn die Veranlagung den Ausschlag gibt, dann sind manchmal alle Anstrengungen vergebens. Oder aber der Preis ist enorm hoch: Wollen Sie, dass Ihr Kind einmal ein dünner, aber einsamer Mensch wird, der nur ans Essen denkt und kaum noch Freude hat?

Wenn der Körper nichts mehr zu sagen hat: Ess-Störungen

Es gibt zwei ernsthafte Erkrankungen, bei denen ein völlig gestörtes Essverhalten im Vordergrund steht: Die Magersucht und die „Fress-Brech-Sucht“. Die Fachbegriffe dafür heißen Anorexie und Bulimie. Beide entwickeln sich nicht während der ersten Lebensjahre, sondern in der Pubertät oder im frühen Erwachsenenalter. Wenn Sie nur Söhne haben, brauchen Sie sich kaum Sorgen zu machen. Über 90 % der Betroffenen sind Mädchen oder Frauen.

Anorexie

Die Anorexie ist eine besonders schwere, manchmal lebensbedrohliche Krankheit. Etwa fünf von tausend jungen Mädchen und Frauen sind davon betroffen. Wenn die Krankheit ausbricht, sind die Mädchen im Durchschnitt 18 Jahre alt. Sehr selten sind auch jüngere Mädchen – mit 12 Jahren oder noch jünger – davon betroffen.

Die erkrankten Mädchen essen extrem wenig. Oft kommt es zusätzlich zu absichtlichem Erbrechen, übertriebener körperlicher Aktivität und Medikamenten-Missbrauch: Abführmittel, Appetitzügler, Entwässerungstabletten. Die Mädchen magern mehr und mehr ab. Die Periode bleibt aus. In extremen Fällen werden die inneren Organe geschädigt. Eine Behandlung im Krankenhaus und darüber hinaus eine psychotherapeutische Behandlung werden zwingend notwendig. Leider kann nicht allen Betroffenen geholfen werden. Bei einem Viertel der Patienten bleibt die Krankheit bestehen. 10 % sterben daran.

Das völlig gestörte Essverhalten mit starkem Gewichtsverlust ist das äußere Erscheinungsbild dieser Krankheit. Die eigentliche Störung spielt sich im Kopf ab. Die Patienten haben in Bezug auf das Thema „Essen“ den Kontakt zur Realität verloren. Sie empfinden sich auf krankhafte, unrealistische Weise als dick. Sie haben eine krankhafte, unrealistische Angst vor dem Dickwerden. Die „innere Stimme“, die die Nahrungsaufnahme nach Bedarf regelt, ist vollständig verloren gegangen. Wie unter Zwang klammern sich die Patientinnen an verzerrte äußere Maßstäbe. Zur Behandlung müssen sie oft gezwungen werden. Die Ursachen der Magersucht sind noch nicht ausreichend erforscht. In vielen Fällen spielen sicherlich Probleme in der Familie eine Rolle. Auch neurologisch auffällige Befunde wurden in den letzten Jahren zunehmend nachgewiesen. Aber auch die Ess-Erfahrungen in den ersten Lebensjahren sind wichtig: Wer als Kind seine Eltern mit Nicht-Essen erpressen und manipulieren konnte, wird dies auch in der Pubertät eher versuchen. Wer als Kind nicht nach seiner eigenen „inneren Stimme“ essen durfte, nimmt sie irgendwann nicht mehr wahr – und ist stärker gefährdet.

Bulimie

Die „Fress-Brech-Sucht“ oder Bulimie ist nicht ganz so gefährlich wie die Magersucht. Die Patientinnen nehmen nicht so stark ab. Die meisten haben ein normales Gewicht. Das hat seinen Grund. Einerseits kommt es regelmäßig zu unkontrollierbaren Fress-Anfällen, bei denen die jungen Frauen unglaubliche Mengen an Lebensmitteln verschlingen. Damit sie davon nicht dick werden, gehen sie anschließend zur Toilette und erbrechen alles wieder. Zwischen den Fress-Anfällen versuchen sie, ihr Essen mit Fasten oder Diäten einzuschränken – bis sich genügend Heißhunger für den nächsten Fress-Anfall aufgestaut hat. Viele nehmen zusätzlich Abführ- und Schlankheitsmittel. Manche Patientinnen können ihre Krankheit lange verheimlichen. Oft merkt es der Zahnarzt: Die Zähne werden zuerst geschädigt. Das ständige Erbrechen beeinträchtigt aber auf Dauer den gesamten Organismus.
Auch bei der Bulimie spielt sich die eigentliche Störung im Kopf ab: Die Patientinnen beschäftigen sich auf übertriebene Weise mit ihrer Figur. Ihr Selbstwertgefühl hängt fast ausschließlich davon ab.
Was kann eine Bulimie auslösen? Auch hier sind die Ursachen vielfältig. Aber eine Ursache ist gesichert: Meist treten die ersten Ess-Anfälle nach längeren Diäten auf. Essen einschränken gegen die eigenen Bedürfnisse kann also die Entstehung von Bulimie fördern. Zusätzlich hat sich herausgestellt, dass das

Essen bei den Betroffenen oft eine unangebrachte Bedeutung hat: Essen dient zur Ablenkung, zur Entspannung und zur Belohnung. Essen zur Regelung der körperlichen Bedürfnisse tritt in den Hintergrund.
Es gibt keine Garantie, dass Sie bei Ihrem Kind die Entstehung einer Ess-Störung sicher verhindern können, wenn Sie unsere Spielregel befolgen. Aber Sie können damit einen wichtigen Beitrag zur Vorbeugung leisten.

Wenn Essen krank macht: Allergien

Ohne zu essen, können wir nicht leben. Aber manchmal macht Essen auch krank. Nicht jedes Kind kann alles vertragen. Unerwünschte Reaktionen auf Nahrungsmittel reichen von Kopfschmerzen oder Missmut bis zum lebensbedrohlichen Schock mit Kollaps und Bewusstlosigkeit.
Nicht selten werden Krankheiten allerdings auch mit Unverträglichkeit von Nahrungsmitteln in Verbindung gebracht, ohne dass es bisher nachgewiesen werden konnte. Ein gutes Beispiel dafür ist das Aufmerksamkeits-Defizit-Syndrom (ADS).

Welche allergischen Reaktionen auf Nahrungsmittel gibt es?
- Eine sofortige heftige Reaktion mit Schock und Bewusstlosigkeit
- Erbrechen, Durchfall und Bauchschmerzen (Langzeitwirkung: Mangelerscheinungen durch ungenügende Nahrungsaufnahme im Darm)
- Erkrankungen der Atemwege: Schnupfen, Husten, Asthma
- Hautausschläge mit Rötungen, Nesselausschlag mit Quaddeln und Jucken, atopische Dermatitis (Neurodermitis)

Diese Reaktionen werden entweder sofort oder mit 2–48stündiger Verzögerung hervorgerufen. Weil die körpereigene Abwehr (Immunsystem) überschießend reagiert, nennen wir sie Allergien.

Andere unerwünschte, aber nicht allergische Reaktionen kommen viel häufiger vor. Hier ist das Immunsystem nicht beteiligt.
- Gifte oder Gift produzierende Keime, die im Essen enthalten sind, können krank machen. Ein Beispiel ist die Nahrungsmittel-Vergiftung mit Salmonellen.
- Manche Kinder vertragen bestimmte künstliche Lebensmittelfarben oder Aromastoffe nicht und reagieren mit Ausschlägen.
- Ein anderes Beispiel nicht allergischer Empfindlichkeit wurde schon erwähnt: die Getreideunverträglichkeit, die lebenslänglich bestehen bleibt.

Echte Nahrungsmittel-Allergien sind seltener, als die meisten Eltern denken. Es gibt nur wenige Lebensmittel, gegen die Menschen Allergien entwickeln. Dazu gehören Milch, Eier, Nüsse und Weizen. Eine gesicherte Diagnose ist entscheidend für die richtige Behandlung. Es wird zunächst getestet, ob die verdächtige Speise tatsächlich mehrmals hintereinander eine allergische Reaktion auslöst. Zusätzlich wird ein Hauttest gemacht. Ist das Ergebnis negativ, kann eine Allergie sicher ausgeschlossen werden. Wenn der Hauttest positiv ist, kann das auch Ausdruck einer früher bestandenen Allergie sein. Weitere Untersuchungen ordnet der Kinderarzt an.
Wenn man die Speisen herausfinden kann, die Probleme verursachen, ist die Behandlung einfach: Sie werden aus dem Nahrungsangebot gestrichen. Zwei bis vier Wochen später sollten die Krankheits-Symptome vorüber sein.
Am häufigsten sind allergische Reaktionen auf Kuhmilch. Sie entwickeln sich bei fast 3 % aller Kinder (17). Bei den meisten Kindern (80 %) gehen sie bis zum Beginn des 4. Lebensjahrs zurück. In unserer Praxis prüfen wir gewöhnlich nach einem Jahr „Milchpause“, ob die Überempfindlichkeit noch besteht. In der Zwischenzeit wird Sojamilch oder „hydrolisierte“, d.h. in kleinste Bestandteile zerlegte Kuhmilch, angeboten. Dauert die Überempfindlichkeit länger als drei Jahre, ist es wahrscheinlich, dass sie lebenslänglich bestehen bleibt. Das gilt auch für andere Nahrungsmittel-Allergien.

Was können Sie zur Vorbeugung tun?

Wenn in der Familie Krankheiten wie Asthma, Neurodermitis oder Heuschnupfen vorkommen, ist das Risiko für Ihr Kind besonders groß. Folgende vorbeugende Maßnahmen sind dann sinnvoll:

- Stillen Sie Ihr Kind möglichst ein halbes Jahr lang voll. Lassen Sie auch in Ihrer eigenen Ernährung die „gefährlichen“ Lebensmittel (Nüsse, Eier, Milch) weg.
- Wenn Sie zufüttern, folgen Sie unseren Empfehlungen aus Kapitel 4: Führen Sie immer nur *eine* neue Speise an einem Tag ein. Warten Sie einige Tage,

bis Sie wieder etwas Neues hinzufügen. Auf diese Weise können Sie gut herausfinden, welche Speise Ihr Kind nicht verträgt.
- Mit der Gabe von Kuhmilch, Eiern und Weizen warten Sie bis zum zweiten Lebensjahr.

Auch für Kinder mit Nahrungsmittel-Allergien gilt unsere Spielregel. Sie, die Eltern, entscheiden, was auf den Tisch kommt. Dabei passen Sie Ihr Angebot den besonderen Bedürfnissen Ihres Kindes an. Ihr Kind entscheidet, ob und wie viel es davon essen möchte.

Wenn das Essen nicht „drin" bleibt: Durchfall und Erbrechen

Krankheiten mit Durchfall und Erbrechen gehören zu den häufigsten akuten Krankheiten überhaupt. Über 90 % dieser Erkrankungen sind nicht gefährlich. Sie dauern drei bis sieben Tage und verschwinden ganz von selbst wieder – unabhängig davon, welche „Therapie" verordnet wird. Nur auf eines müssen die Eltern achten: Ihr Kind darf nicht austrocknen. Es ist kein Problem, dass das Kind für ein paar Tage kaum Nahrung zu sich nimmt. Aber der Wasserverlust muss in Grenzen gehalten werden. Das Kind muss viel trinken.

Woran merken Sie, dass Ihr Kind zu wenig Flüssigkeit im Körper hat? Am Verhalten Ihres Kindes können Sie es am besten erkennen: Wenn Ihr Kind noch spielt – wenn auch weniger als sonst – ist es noch nicht ausgetrocknet. Sollte es aber apathisch auf dem Sofa liegen, muss es sofort einem Kinderarzt vorgestellt werden. Es ist notwendig, dass es sofort eine Traubenzucker-Salz-Lösung trinkt. Das fertige Gemisch gibt es in Apotheken. Es wird in Wasser aufgelöst und dem Kind immer wieder zum Trinken angeboten.

Was viele Eltern nicht wissen: Von der Traubenzucker-Salz-Lösung werden Durchfall und Erbrechen nicht besser. Sie hat keinen Einfluss auf den Verlauf der Krankheit. Sie verhindert oder beseitigt nur das Austrocknen. Das ist alles, aber es ist wichtig.

Früher wurde empfohlen, den Kindern bei Durchfall nichts oder nur Zwieback zu essen zu geben. So sollte der Darm sich „ausruhen" können. Mittlerweile ist aber in zahlreichen Untersuchungen nachgewiesen (und durch unsere tägliche Erfahrung wird es bestätigt): Wenn ein Kind nicht ausgetrocknet ist, bieten Sie ihm am besten ganz normale Kost an, auch Milch.

Selbst im Falle eines Durchfalls gilt unsere Spielregel: Ihr Kind kommt am schnellsten wieder zu Kräften, wenn Sie ein normales Angebot auf den Tisch stellen und Ihrem Kind die Entscheidung überlassen:

- *„Möchte ich etwas davon essen?"*
- *„Was möchte ich davon essen?"*
- *„Wie viel möchte ich davon essen?"*

Kapitel 5: Das Wichtigste in Kürze

- Übergewicht ist das häufigste Ernährungs-Problem in unserer Gesellschaft. Die beste Vorbeugung gegen Übergewicht ist die Einhaltung unserer Spielregel. Mehr können Sie nicht tun. Verordnen Sie Ihrem Kind auf keinen Fall eine Diät.
- Anorexie und Bulimie sind schwere Erkrankungen mit völlig gestörtem Essverhalten. Fast nur jugendliche Mädchen und junge Frauen sind davon betroffen. Auch hier können Sie mit der Einhaltung unserer Spielregel einen wichtigen Beitrag zur Vorbeugung leisten.
- Nicht jedes Kind kann alles essen. Manche Nahrungsmittel lösen bei einigen Kindern allergische Reaktionen oder andere Beschwerden aus. Die für Ihr Kind unverträglichen Nahrungsmittel müssen gefunden und längere Zeit vom Speiseplan gestrichen werden.
- Durchfall mit Erbrechen ist eine sehr häufige Erkrankung. Meist geht sie nach einigen Tagen von selbst zurück. Sie müssen nur darauf achten, dass Ihr Kind nicht austrocknet. Am besten bieten Sie Ihrem Kind ganz normale Kost an.

Schlusswort

Konnten wir Sie überzeugen? Trauen Sie Ihrem Kind jetzt wirklich zu, dass es richtig essen kann – wenn Sie nur unsere Spielregel einhalten? Wenn Sie das in Zukunft tun, machen Sie Ihrem Kind ein wertvolles Geschenk. Sie zeigen ihm, dass Sie seiner angeborenen Fähigkeit vertrauen, genau nach seinen Bedürfnissen zu essen. Damit stärken Sie sein Selbstvertrauen. Sie beugen Problemen wie Ess-Störungen und Übergewicht vor, und Sie vermeiden Stress beim Essen.

Der Erfolg ist manchmal nicht sofort, sondern erst nach Wochen zu spüren. Es ist nicht leicht, so lange durchzuhalten. Die Versuchung, doch wieder Druck auszuüben, ist sehr groß.

Brauchen Sie einen Verbündeten? Dann reden Sie mit Ihrem Kinderarzt oder Ihrer Kinderärztin. Dort bekommen Sie Unterstützung.

Damit Sie, liebe Eltern, jederzeit an unsere Spielregel erinnert werden, haben wir im Anhang einige „Sprüche für die Küche" zusammengestellt. Sie können sie ausschneiden und in Ihrer Küche aufhängen – als Gedächtnisstütze.

Wir wünschen Ihnen viel Erfolg und viel Freude bei der nicht immer leichten Aufgabe, Ihr Kind einfach richtig essen zu lassen.

Ihre
Annette Kast-Zahn und Hartmut Morgenroth

Literatur-Verzeichnis

1) Kast-Zahn, A., Morgenroth, H.: *„Jedes Kind kann schlafen lernen"*, Oberstebrink, 1995

2) Satter, E.: *„How to get your kid to eat but not too much"*, Bull Publishing Company, 1987

3) American Academy of Pediatrics: *„Guide to your child's nutrition"*, Editors: Dietz, H.W., Stern, L., Villard, 1999

4) Story, M. et al.: *„Do young children instinctively know what to eat?"*, New England Journal of Medicine, 316: 103–105, 1986

5) Scalfani, A., Springer, D.: *„Dietary obesitiy in adult rats: similarities to hypothalamic and human obesity syndromes"*, Physiological Behaviour 17: 461–471, 1976

6) Birch, L. et al.: *„The variability of young children's energy intake"*, New England Journal of Medicine, 324: 232–235, 1991

7) Stunkard, A.J. et al.: *„An adoption study of human obesity"*, New England Journal of Medicine, 314: 193–198, 1986

8) Stunkard, A.J. et al.: *„The body mass index of twins who have been reared apart"*, New England Journal of Medicine, 322: 1483–1487, 1990

9) Bouchard, C. et al.: *„The response of long-term overfeeding in identical twins"*, New England Journal of Medicine 322: 1477–1482, 1990

10) Faith, M.S. et al.: „*Evidence for influences on fat mass and body mass index in a pedriatic twin sample*", Pediatrics 104: 61–67, 1999

11) Pudel, Volker: „*Ketchup, BigMac, Gummibärchen*", Heyne, 1995

12) Birch, L. et al: „*Eating as the ‚means' activity in a contingency: Effects on young children's food preference*", Child Development 55: 431–439, 1984

13) Wright, P. et al.: „*The development of differences between feeding behavior of bottle and breast fed human infants from birth to two months*", Behavioural Processes 5: 1–20,1 980

14) Kast-Zahn, A.: „*Jedes Kind kann Regeln lernen*", Oberstebrink, 1997

15) Zimmer, K.: „*Warum Babys und ihre Eltern alles richtig machen*", Goldmann, 1997

16) *Empfehlungen der Ernährungskommission der deutschen Gesellschaft für Kinderheilkunde* in: der kinderarzt 17: 1455–1456, 1986

17) American Academy of Pediatrics: „*Pediatric Nutrition Handbook*", 4. Auflage 1998

Abb. 2, 3: Heinemann, Weidtmann: „*Somatogramme*", Prader u. Budlinger, 1977

Abb. 4, 5, 6: Ingeborg Brandt: „*Human Growth. A Comprehensive Treatise*". 2nd Ed. Vol. 1. Hrsg. F. Falkner und J.M. Tanner, Plenum Press, New York 1986 und unveröffentlichte Daten; Leonhard Hohenauer: Z. Geburtsh. Perinat. 184, 167 (1980).

Sprüche für die Küche

Jedes Kind kann richtig essen – auch Ihr Kind. Vorausgesetzt, Sie und Ihr Kind gehen ganz einfach nach unserer *Spielregel für richtiges Essen* vor:

- Sie entscheiden, was wann wie auf den Tisch kommt.
- Ihr Kind entscheidet, ob und wie viel es davon isst.

So stellen Sie sicher, dass Ihr Kind in jedem Alter richtig isst – nicht zu viel und nicht zu wenig.

Für viele Eltern ist es schwer, die Spielregel einzuhalten. Für sie haben wir einige *„Sprüche für die Küche"* vorbereitet. Schneiden Sie die Sprüche aus und hängen sie gut sichtbar auf – so, dass Sie sie beim Essen immer vor Augen haben. So werden Sie immer daran erinnert, dass es keinen Sinn hat, Ihr Kind beim Essen unter Druck zu setzen. Wenn Sie das beherzigen, wird alles viel einfacher – für Sie und Ihr Kind.

Außer den *„Sprüchen für die Küche"* finden Sie auf den folgenden Seiten auch noch eine Garantie-Erklärung, in der Sie sich verpflichten, dass Ihr Kind selbst bestimmen darf, wie viel es bei jeder Mahlzeit essen möchte. Unterschreiben Sie diese Erklärung und hängen sie zusammen mit den Sprüchen auf. Das hilft Ihnen, sich konsequent an die *Spielregel für richtiges Essen* zu halten.

Du magst nichts? Das macht nichts.

Ob dick, ob dünn – ich hab' dich lieb.

Sprüche für die Küche

Aus dem Buch *„Jedes Kind kann richtig essen"*
von Annette Kast-Zahn und Hartmut Morgenroth.

Sprüche für die Küche

Aus dem Buch *„Jedes Kind kann richtig essen"*
von Annette Kast-Zahn und Hartmut Morgenroth.
© Oberstebrink Verlag, Ratingen

Was ich brauch',
sagt mir
mein Bauch.
Mama, glaub' es
endlich auch!

Mama,
ich mag
nicht alles.
Aber dich
mag ich.

Sprüche für die Küche

Aus dem Buch *„Jedes Kind kann richtig essen"*
von Annette Kast-Zahn und Hartmut Morgenroth.

Sprüche für die Küche

Aus dem Buch *„Jedes Kind kann richtig essen"*
von Annette Kast-Zahn und Hartmut Morgenroth.
© Oberstebrink Verlag, Ratingen

Lasst uns beim Essen den Spaß nicht vergessen.

Hier wird gegessen ohne zu erpressen.

Sprüche für die Küche

Aus dem Buch *„Jedes Kind kann richtig essen“*
von Annette Kast-Zahn und Hartmut Morgenroth.

Sprüche für die Küche

Aus dem Buch *„Jedes Kind kann richtig essen“*
von Annette Kast-Zahn und Hartmut Morgenroth.
© Oberstebrink Verlag, Ratingen

Unsere Spielregel für richtiges Essen:

- Ich entscheide, was wann wie auf den Tisch kommt.
- Du entscheidest, ob und wie viel du davon isst.

Sprüche für die Küche

Garantie-Erklärung

Hiermit verpflichte ich mich, dass ich mein Kind

Name des Kindes

selbst bestimmen lasse, wie viel es bei jeder Mahlzeit essen möchte.

Ort, Datum

Unterschrift: Mutter oder Vater

Sprüche für die Küche

Aus dem Buch *„Jedes Kind kann richtig essen"*
von Annette Kast-Zahn und Hartmut Morgenroth.

Die Ratgeber-Reihe

Das Standardwerk für alle Eltern, die für sich und ihre Kinder ruhige Nächte haben wollen

Hardcover, 157 S.,
4-fbg. Fotos und Abb.
DM 29,80 · ÖS 218,--
SFR 28,-- · LIT 31.600,--
ISBN 3-9804493-0-0

Der Leitfaden für alle Eltern, deren Kinder auf natürliche Weise trocken werden sollen

Hardcover, 153 S.,
4-fbg. Fotos
DM 29,80 · ÖS 218,--
SFR 28,-- · LIT 31.600,--
ISBN 3-9804493-4-3

Das Regelwerk für alle Eltern, die ihren Kindern klare Spielregeln für ein harmonisches Familienleben vermitteln wollen

Hardcover, 157 S.,
4-fbg. Fotos und Abb.
DM 29,80 · ÖS 218,--
SFR 28,-- · LIT 31.600,--
ISBN 3-9804493-1-9

Ideen, wie Eltern ihren Kindern normales Essverhalten schmackhaft machen können

Hardcover, 157 S.,
4-fbg. Fotos und Abb.
DM 29,80 · ÖS 218,--
SFR 28,-- · LIT 31.600,--
ISBN 3-9804493-9-4

Die Oberstebrin

Die richtigen Eltern-Rat

OBERSTEBRINK

Die Pflichtlektüre für alle Eltern, die ihren Kindern helfen wollen, den Schulalltag zu meistern

Hardcover, 158 S.,
4-fbg. Fotos,
Abb. und Illustrationen
DM 29,80 · ÖS 218,--
SFR 28,-- · LIT 31.600,--
ISBN 3-9804493-2-7

Die neuesten Erkenntnisse zur Erkennung und Behandlung von Kindern mit Aufmerksamkeits- und Konzentrationsstörungen

Hardcover, 319 S., 4-fbg.
Abb. und Illustrationen
DM 38,-- · ÖS 278,-- ·
SFR 35,50 · LIT 39.900,--
ISBN 3-9804493-6-X

ltern-Bibliothek

r für die wichtigen Jahre

OBERSTEBRINK

Die Magazin-Buch-Reihe

Das aktuelle Standardwerk für alle werdenden Eltern – und alle, die es werden wollen

Hardcover, 286 S.,
4-fbg. Fotos,
Abb. und Illustrationen
DM 34,80 · ÖS 255,--
SFR 32,50 · LIT 36.900,--
ISBN 3-9804493-5-1

Spielregeln für das reibungslose Zusammenspiel von Eltern und Kindern

Hardcover, 253 S.,
4-fbg. Fotos
DM 34,80 · ÖS 255,--
SFR 32,50 · LIT 36.900,--
ISBN 3-9804493-8-6

Die Oberstebrink Eltern-Bibliothek

Die richtigen Eltern-Ratgeber für die wichtigen Jahre